SEIDEN-
TECHNIKEN UND SCHÖNE MOTIVE
MALEREI

Eva-Maria Kuß, geboren 1958, malt seit rund 15 Jahren auf Seide. Nach mehrjähriger Tätigkeit in den Presse-/Werbeabteilungen und Lektoraten verschiedener Verlage lebt sie heute als freie Autorin und Malerin in Oberottmarshausen bei Augsburg. Sie veröffentlichte zahlreiche Sachbücher, vor allem Titel zur Seidenmalerei.

kreativbuch

Eva-Maria Kuß

SEIDEN-MALEREI

TECHNIKEN UND SCHÖNE MOTIVE

BUCH VERLAG
FÜR DIE FRAU

Ich danke den folgenden Firmen und Personen herzlich für ihre Ratschläge und Unterstützung: Arty's/Sinotex, Awiseta, Franz D. Baldus, DEKA, Ediths Creation/van Eeuwen, Galerie Smend, Marianne Heller-Seitz, Hobbidee, Ideen in Stoff/ Schmidt & Bleicher, A. L. Klink, Kreul, Lefranc & Bourgeois, Marabu, Meier Seide, Donacolor/ Hannelore Otto, Pébéo, Prandell, Prisma Hobby und Basteln Schmidt, Stewa Hobby, Uhlig, Vangerow, VBS und Heinrich Wagner.

Genehmigte Sonderausgabe 1998
für Unipart Media GmbH,
63069 Offenbach

Fotos: Klaus Lipa
Einbandgestaltung:
Ralf Rüffle, Unipart, Remseck
Typografie: Hanne Reinhardt-Fischer
Satz: TypoLiner GmbH Leipzig
Reproduktion: Reprostudio Helmut Schneider Leipzig

ISBN 3-89755-513-1

Inhalt

Liebe Leserin,

ist es die Freude am schöpferischen Umgang mit Pinsel und Farbe, die Sie zum Seidenmalen animiert? Wollen Sie sich vom Alltag entspannen? Lieben Sie den Hauch von Luxus, den die „Königin der Stoffe" ausstrahlt? Oder wünschen Sie sich individuelle Tücher in Ihren Lieblingsfarben? Vielleicht haben Sie keine rechte Vorstellung vom Seidenmalen und wollen es einfach mal ausprobieren?

Mit diesem Buch möchte ich Ihnen Wege zu diesem wunderbaren Hobby zeigen. Sie erfahren, wie Sie sich eine solide Grundausstattung zusammenstellen. Wichtige Handgriffe vom Aufspannen der Seide über das Übertragen von Vorlagen bis hin zum Fixieren werden genau erklärt.

Vor allem aber können Sie in ganz verschiedene Maltechniken »hineinschnuppern«. Alle Methoden vorzustellen, das hieße den Rahmen dieses Buches sprengen. Also habe ich neun beliebte Techniken ausgewählt, die vielseitig und gut nachvollziehbar sind.

Vieles geht kinderleicht, das gilt vor allem für die Salz-, Auswasch- und Abklatschtechniken sowie das Marmorieren. Für die Rosettentechnik brauchen Sie nicht einmal einen Spannrahmen. Wer gern großzügig und spontan malt, wird sich vielleicht für das Drucken mit verdickter Farbe begeistern. Aquarellfans entdecken völlig neue Möglichkeiten für eine altbekannte Kunst – mit ein paar Tricks kann man auf Seide sogar malen wie auf Papier. Raffinierte Farblasuren gelingen mit der Schichttechnik. Gegenständliche wie abstrakte Motive sind mit Konturenmitteln möglich – vom Jugendstil-Ornament bis hin zum Ethno-Design.

Genaue Anleitungen mit produktneutralen Materiallisten und Fotoserien führen Sie Schritt für Schritt zum Erfolg. Dazu gibt's viele Tips und Tricks: Wie man Farben mischt, gleichmäßige Hintergründe malt und vieles mehr.

Je Kapitel finden Sie Vorlagenzeichnungen: Alle Muster sind so entworfen, daß Sie vielerlei daraus machen können. Tuch oder Schal, Kissen oder Vorhang, Krawatte oder Kimono: Jetzt malen Sie sich die schönsten Seidensachen selbst!

Viel Spaß wünscht Ihnen

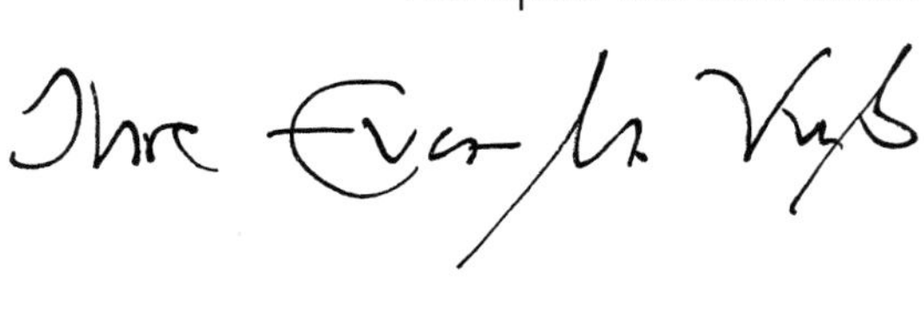

Cyan-
blau
Gelb
Verdünner

Material und Zubehör

Was braucht man eigentlich alles zum Seidenmalen? Nun, eigentlich gar nicht viel – aber der Fachhandel führt ein nahezu unüberschaubares Angebot an Farben, Seiden, Pinseln, Rahmen ... Dieses Kapitel bietet Ihnen Orientierungshilfe und Tips für eine preiswerte Grundausstattung.

Seidenmalfarben

Für die Seidenmalerei gibt es flüssige Spezialfarben. Nach der Technik, wie sie haltbar gemacht werden, unterscheidet man im wesentlichen bügel- und dampffixierbare Farben.

Bügelfixierfarben

Bügelfixierfarben (Bügelfarben) sind die Spitzenreiter auf dem Hobbymarkt. Sie können mit Wasser verdünnt werden, sind waschecht, sehr lichtecht und – das ist ihr Hauptvorteil – im Handumdrehen mit dem Bügeleisen fixiert. Auch im Backofen oder mit einem Haarfön lassen sich Bügelfarben fixieren – dies ist besonders praktisch bei fertigen Schirmen, Haarschmuck und weiteren Seidenrohlingen, die sich kaum anders fixieren lassen.
Bügelfarben haften – ähnlich wie Stoffmalfarbe – durch ein Bindemittel an der Stoffoberfläche. Daher wird die Seide steifer und stumpfer. Außerdem sind Bügelfarben nicht sehr reibecht. Beim Mischen entsteht schnell ein Grauschleier. Große Flächen werden leicht wolkig oder bekommen Trockenränder. Bereits getrocknete Bügelfarben lassen sich nicht mehr ablösen: Deshalb funktionieren bestimmte Maltechniken wie beispielsweise das Auswaschen (dazu später mehr) schlecht bis gar nicht.

Die Grundausstattung auf einen Blick

Zu recht gelten Bügelfarben als ideal für Einsteiger, denn die gängigsten Techniken sind damit möglich. Sie können ausprobieren, ob Ihnen das Seidenmalen Spaß macht, und eventuell später auf Dampffixierfarben umsteigen. Auch für Kinder sind Bügelfarben ideal, denn das gebrauchsfertige Ergebnis liegt im Handumdrehen vor. Viele Bügelfixierfarben können auch dampffixiert werden.

Einige Marken in alphabetischer Reihenfolge (der Hersteller/Vertrieb steht in Klammern): Art Couleurs (Prandell), DEKA-Silk, Donacolor (Hannelore Otto), Javana (Kreul), Marabu-Silk, Pelikan, Prisma (M. Jantos/N. Lermer), Setasilk (Stewa Hobby), Silkiron (Heigl), Softline classic (Baldus), Studio Silk (VBS), Tobasign (stewa Hobby), Thermo-Silk (Hobbidee), Uhlicolor (Uhlig), Waco Sun Color (Heinrich Wagner).

Dampffixierfarben

Die traditionellen Seidenmalfarben, auch französische Farben genannt, sind von unübertroffener Leuchtkraft. Die Farben verbinden sich beim Fixieren mit den Seidenfasern: Glanz und weicher Fall des Stoffes bleiben erhalten.

Die Wasch- und Reibechtheit ist gut. Hervorragend sind die Maleigenschaften der Dampffixierfarben, auch große Flächen und Hintergründe werden gleichmäßig. Da sich getrocknete Farben im unfixierten Zustand wieder anlösen lassen, sind alle Techniken möglich. Fast alle Profis malen mit Dampffixierfarben.

Viele Hobbymaler/innen glauben, Dampffixierfarben seien teurer und schwieriger zu handhaben als Bügelfarben. Das stimmt nicht – ihr einzig möglicher Nachteil ist das scheinbar aufwendigere Fixierverfahren. Dadurch werden die Farben wasserfest und lichtechter, sie erhalten ihre endgültige Brillanz.

Dampffixierfarben neigen – zumindest einige Töne – etwas mehr zum Verblassen als Bügelfarben. Doch schon die Seide selbst wird durch lange Sonnenbäder brüchig. Daher sollten Sie Ihre Malereien möglichst nicht dauerhaft dem grellen Tageslicht aussetzen. Bilder können Sie mit Glas, Vorhänge durch ein Futter schützen.

Wer einmal mit Dampffixierfarben gemalt hat, wird sie bestimmt nicht wieder aus der Hand legen! Auch hier einige Produktnamen: Atelier Silk (VBS), Avantgarde (Kreul), Awiseta (INTERfer), Dupont (Hobbidee), Elbesoie (Lefranc & Bourgeois), Marabu Silk Art, Moricolor (Kreul), Pébéo (stewa Hobby), Savoir Faire (Hobbidee), Schjerning's Royal, Serticolor (Prandell), Silkolor (Heigl), Softline pro

Wählen Sie Fabrikate, die Sie bequem und preiswert nachkaufen können. Links im Bild 14 Bügelfarben-Marken, rechts 15 Dampffixierfarben verschiedener Hersteller

(Baldus), Uhlig, Waco Magic, Waco Soie (Heinrich Wagner).

So finden Sie „Ihre" Farben

Mit Farben ist es wie mit Parfums – jeder hat seine Lieblingssorte ... Sie können Ihr Sortiment aus verschiedenen Marken zusammenstellen: Denn Produkte des gleichen Farbtyps lassen sich im Regelfall beliebig untereinander mischen, also verschiedene Bügelfarben-Marken untereinander bzw. unterschiedliche Dampffixierfarben.
Für den Anfang reichen vier Farben völlig aus: die drei Grundfarben Gelb, Rot und Blau, dazu Schwarz. Auf Seite 20 ff. sehen Sie, wieviele Töne sich daraus mischen lassen. Trotzdem können Sie sich noch fertige Mischfarben zulegen, vor allem Türkis und Lila.
Bitte tauchen Sie nie den Pinsel in die Originalgläser, sondern füllen die jeweils benötigte Farbmenge in kleine Mischgefäße. Reste nicht zurückgießen, sondern in eigenen, geschlossenen Gläschen aufheben. So bleiben die Farbtöne rein und sind jahrelang haltbar; am besten kühl, dunkel und frostfrei lagern.

Konturenmittel (Gutta)

Ohne Konturenmittel laufen die Farben auf der Seide ineinander. Für klar abgegrenzte Flächen oder Konturen brauchen Sie also ein Trennmittel. Es gibt wasserlösliche und benzinlösliche Fabrikate. Ursprünglich hieß nur das benzinlösliche Mittel „Gutta" – heute finden Sie diesen Namen auch auf wasserlöslichen Produkten. Trennmittel sind entweder speziell auf Bügel- oder auf Dampffixierfarben abgestimmt, nehmen Sie am besten die gleiche Marke wie Ihre Farbe. Manche Bügelguttas können dampffixiert werden, erkundigen Sie sich bei Ihrem Händler.
Die Farbpalette reicht von transparent über Perlmuttöne bis hin zu Gold und Silber. Metallicgutta steht etwas erhaben auf der Seide und bleibt auch nach dem Fixieren und Auswaschen steif. Zwar ist sie waschecht, aber beim chemischen Reinigen kann es Probleme geben. Konturenmittel werden in Tuben oder Gläschen angeboten. Wenn Sie gern damit malen, sollten Sie die preisgünstigen größeren Abfüllmengen kaufen.

Wasserlösliche Konturenmittel

Um es gleich vorwegzunehmen: Diesen Trennmitteln sollten Sie möglichst den Vorzug geben. Die zähflüssigen Konturenmittel sind nahezu geruchlos und können mit Wasser verdünnt werden. Sogar nach monatelangem Lagern trocknen sie kaum ein. Nach dem Malen bzw. Fixieren werden sie einfach mit warmem Wasser ausgespült. Lassen Sie die Guttalinien vor dem Malen unbedingt gut durchtrocknen, sonst kann es passieren, daß die Kontur durch die flüssige Seidenmalfarbe angelöst wird.
Alle Konturenmittel für Bügelfarben sind auf Wasserbasis hergestellt. Ich liebe die farblose, wasserlösliche Studio-Gutta zum Dampffixieren, die mit dampffixierbarer Seidenmalfarbe eingefärbt werden kann (andere Bezeichnungen: Gutta plus, Gutta spezial). Damit sind Konturen in allen erdenklichen Tönen möglich! Gleich ein Tip: Lassen Sie etwas Dampffixierfarbe an einem warmen Platz gelartig eintrocknen. Erst dann mit der Gutta mischen – so gelingen feine Linien.

Benzinlösliche Gutta

Die honigzähe Flüssigkeit, die aus dem Milchsaft des Guttaperchabaumes gewonnen und mit Benzin versetzt wird, gilt als klassisches Konturenmittel der Seidenmalerei. Gutta ist farblos und in Standardtönen für Dampffixierfarben erhältlich. Bei Bedarf kann sie mit Waschbenzin verdünnt werden. Kommt die Gutta mit Sauerstoff in Kontakt, trocknet sie ein. Man muß sie also immer fest verschlossen im Originalgläschen oder die gefüllten Linerfläschchen zusammen mit ein paar Tropfen Benzin in einem Schraubglas aufbewahren. Wegen der Benzindämpfe darf man nur bei geöffnetem Fenster malen, bitte auch nicht rauchen. Nach dem Dampffixieren muß die Gutta mit Benzin ausgewaschen werden, was man am besten dem Kleiderbad der chemischen

Reinigung überläßt. Benzingutta ist teurer als wasserlösliche Trennmittel.
Welchen Grund hat man denn überhaupt, werden Sie sicher fragen, diese Gutta zu verwenden? Der große Vorteil ist die Haltbarkeit, selbst bei dünnen Linien. Dies kommt kleinen, detailreichen Motiven zugute. Ich habe die Erfahrung gemacht, daß die Linien auf gefütterten und gesteppten Seiden sauberer werden, bei denen wasserlösliche Gutta leicht auseinanderläuft oder sich in den Vertiefungen an den Nahtstellen sammelt. Auch für Schichttechniken (siehe S. 42 ff) ist sie ideal, da die Seidenfarbe, wenn man die Gutta übermalt, weitgehend abperlt. Benzinlösliche Gutta ist außerdem bei allen Seidenrohlingen sinnvoll, die man nach dem Fixieren nicht gut auswaschen kann, beispielsweise Krawatten oder Tischsets.

Werkzeuge zum Gutta-Auftragen

Tuben eignen sich, wenn Sie selten mit Gutta malen. Wenn Sie saubere, feine Linien wollen, sollten Sie das Konturenmittel umfüllen: Ich habe etliche Modelle getestet, die Fingerspitzengefühl, Geduld und Übung verlangen – und empfehle noch immer das Linerfläschchen mit aufgeschraubter Trichterfeder. Nebenbei gesagt, es ist auch die weitaus billigste Lösung. Die Pipettenflasche sollte gut in der Hand liegen und so weich sein, daß sich das Fläschchen ohne Kraftaufwand zusammendrücken läßt (zum Beispiel von Heigl/München oder Serti/Prandell). Sonst verkrampfen sich die Finger beim Konturenziehen, was weder der Malerei noch der Gesundheit nutzt.
Daneben hat mich der Javana Konturenliner überzeugt, der allerdings etwas mehr kostet. Er läßt sich einfach und völlig ohne Kraftaufwand bedienen, die Linien werden auf Anhieb sauber und haltbar. Vor allem für detailreichere Motive, die man im Sitzen malt, ist der Konturenliner erste Wahl.
Trichterfedern gibt es in verschiedenen Stärken von 0,3 bis 0,9 mm, im Regelfall sind Sie mit der durchschnittlichen Federstärke 0,5 mm gut beraten. Ist das Konturenmittel relativ dünnflüssig, nehmen Sie eine dünne Feder, sonst laufen die Linien unschön auseinander. Bei zähen Guttas – vor allem Metallicprodukten – sind auch bei größerem Durchmesser dünne Konturen möglich.

Hier ist die Gutta noch zu dick, läuft also nur bei sehr starkem Druck auf die Flasche: Die Linien werden nicht sauber, weil die Hand sich verkrampft. Ein paar Tropfen Wasser, Farbe oder Benzin (je nach Gutta-Typ) schaffen sofort Abhilfe.

Pinsel

Am Werkzeug soll man nicht sparen: Trotzdem müssen Sie nicht unbedingt die teuersten Kolinsky-Pinsel kaufen. Gute Aquarell- bzw. Seidenmal-Haarpinsel sind völlig ausreichend. Ich male auch mit hochwertigen Synthetikpinseln, vor allem den Jaxhair-Pinseln von Vangerow. Auch die Toraypinsel von Kreul und da Vinci sind nach meiner Erfahrung preiswert, robust und langlebig. Asiatische Bambuspinsel können Sie ebenfalls ausprobieren. Achten Sie auf eine feine Spitze. Der Pinselkörper soll viel Farbe aufnehmen können und elastisch sein. Je nach Ihren Lieblingstechniken heißt es ausprobieren, welche Modelle Ihnen liegen. Als Grundsortiment

sind Pinsel in den Stärken zwischen 6 und 20 zu empfehlen, dazu eventuell ein breiter Flachpinsel für Hintergründe und Grundierungen. Jeweils ein eigener Pinsel für die Farben Gelb und Schwarz ist kein Muß, aber nützlich.
Lassen Sie keinen Pinsel auf den Haaren im Wasserglas stehen – damit können Sie ihn in Minutenschnelle ruinieren. Spülen Sie regelmäßig alle Farbreste mit warmem Wasser und Kernseife aus. Pinsel in einem weichen Lappen behutsam ausdrücken und liegend – bitte nicht auf der Heizung – trocknen, am besten auf einem Papiertaschentuch. So halten Ihre wertvollen Pinsel jahrelang.

Hier wird die Seide mit Spannkrallen und Gummibändern auf den Rahmen gespannt

Der Rahmen

Zum Malen wird die Seide möglichst straff auf einen Rahmen aus weichem Holz gespannt, so wie eine Leinwand auf den Keilrahmen. Am besten ist ein stufenlos verstellbares Modell: Dieser Rahmen eignet sich für jedes beliebige Seidenformat bis zu seinem Innenmaß (evtl. abzüglich der Spannkrallen, siehe oben).
Dehnt sich die Seide beim Bemalen aus, können Sie schnell nachspannen. Wenn Sie den Rahmen zum Malen auf einen Tisch (Bügelbrett, Malerböcke ...) legen, sind breite Leisten wichtig. Denn die nasse Seide darf nicht auf die Unterlage durchhängen. Notfalls setzen Sie den Rahmen zusätzlich auf vier Toilettenpapierrollen oder Holzklötze. Praktisch ist auch ein Standgerät: Das ist ein einfaches Holzstativ, auf das der Rahmen gesteckt oder geschraubt wird.
Kaufen Sie den Rahmen lieber eine Nummer größer, so daß Sie auch mal ein 110 x 110 cm großes Tuch bemalen können. Für größere Formate (Schals, Vorhänge, Kleidung ...) können Sie Verlängerungsleisten anschrauben. Hier lohnt es sich aber auch, einen Rahmen selbst zu bauen:
Schrauben Sie vier gehobelte Dachlatten (Baumarkt) zusammen. Verstärken Sie die Ecken mit Winkeleisen, stabilisieren Sie eventuell auch die Mitte des Rahmens mit einer weiteren Leiste. Dann legen Sie den Rahmen auf zwei oder mehr Malerböcke, befestigen ihn zur Sicherheit mit starkem Klebeband – fertig!

Spannwerkzeuge

Zum Aufspannen der Seide gibt es mehrere Möglichkeiten, je nachdem was Sie bemalen wollen: Die runden oder dreieckigen Dreizackstifte sind flach, stören also nicht beim Malen. Sie eignen sich sehr gut für Meterware, Bilder und alle Objekte, deren Ränder ohnehin noch beschnitten werden. Denn diese Befestigung hinterläßt kleine Löcher, die bei Tüchern, Krawatten, Beuteln usw. doch sehr stören. Außerdem läuft die Farbe nicht ganz unter die Stifte. Das Auf- und Abspannen (ein Hilfswerkzeug wird mitgeliefert) braucht etwas Zeit und ist anstrengend. Wiederum ideal sind Dreizackstifte für Drucktechniken, bei denen der Rahmen mit der gespannten Seide umgedreht wird und der Stoff auf der Unterlage aufliegen muß (siehe Seite 65).
Pin- und Stoßnadeln kann man gut in den Rollsaum von Tüchern stechen, die Farbe kann die Seide ohne Hindernis durchtränken. Die Seide wird im Regelfall nicht verletzt. Ich finde die Nadeln unpraktisch, da sie etwa 2 cm

hochstehen und man die Hand beim Malen nicht auflegen kann. Für Drucktechniken wie bei den Dreizackstiften beschrieben sind die Pins ungeeignet. Das Auf- und Abspannen geht etwas schneller und leichter als bei den Dreizackstiften. Sowohl bei diesen als auch bei Pins sollten die vier Rahmenleisten möglichst in einer Ebene liegen.

Spannkrallen, auch Federhaken genannt, bestehen aus zwei bis drei spitzen Metallhäkchen an einem Kunststoffkörper, der mit Gummiband um die Rahmenleisten geschlungen wird. Der große Vorteil dieser Haken: Die elastische Aufhängung gleicht die Dehnung der nassen Seide von selbst aus, Sie müssen also nicht nachspannen.
Spannkrallen sind für nahezu alle Seidenobjekte geeignet – besonders auch für Stücke mit unregelmäßigen Rändern (z. B. Blusen mit offenen Seitennähten).
Das Auf- und Abspannen erledigen Sie in Minutenschnelle, die Krallen bleiben am Rahmen. Für Kinder sind die scharfen Haken ungeeignet. Wichtig ist, daß Sie die Seide von Anfang an sehr straff spannen, dann federt sie nicht beim Malen. Bei Tüchern stechen Sie die Krallen direkt in den Rollsaum.
Mit Spannkrallen können Sie übrigens auch die sonst unpraktischen Zahnleisten-Steckrahmen, Keilrahmen oder alte Bilderrahmen zum Seidenmalen nutzen. Dabei ist es egal, ob die vier Leisten in einer Ebene liegen.

Eine alte Türschnitzerei aus China mit edlen Seiden. Von links nach rechts: Jacquard, Crêpe de Chine, Crinkle Chiffon mit Fransen, Crêpe Georgette und Crêpe Satin

Die richtige Seide

Einsteiger sollten zu glatten, nicht zu dicken Seiden greifen. Hier im Überblick die gängigsten Qualitäten für die Seidenmalerei:

Mit der preiswerten Pongéseide (auch: Habutai-, Batikseide) lassen sich alle Maltechniken ausprobieren. Auf der glatten Oberfläche gelingen Ihnen auch ohne Erfahrung geschlossene Guttalinien. Die Farbe fließt sehr gut, so daß sich große Flächen gleichmäßig und ohne Trockenränder bemalen lassen. Die dünnen Pongés, also 04 bis 06, eignen sich vor allem für Vorhänge und Tücher in experimentellen Techniken. Pongé Nr. 08 läßt die Farben schöner leuchten und wirkt hochwertiger.

Auf Crêpe Satin und Satin leuchten die Farben am schönsten. Die Oberseite ist hochglänzend, die Unterseite matt. Da alle Maltechniken gut funktionieren und die Farbe etwas weniger läuft als auf Pongé, ist diese Seide auch Einsteigern zu empfehlen. Die Verwendungsmöglichkeiten reichen von Krawatten über Tücher und Kissen bis hin zum Kimono.

Ebenfalls einen Versuch wert ist Crêpe de Chine. Diese wunderbar weichfließende, knitterarme Seide eignet sich vor allem für Tücher und Bekleidung. Da Crêpe de Chine sehr dehnbar ist, verziehen sich Krawatten und aufgespannte Tücher leicht. Alle Maltechniken sind mit Crêpe de Chine möglich, der Farbfluß ist nicht sehr stark.

Wenn Sie eine strapazierfähige Seide suchen, probieren Sie Twill: Diese glänzende Seide, die mit ihrer diagonalen Webstruktur an Jeansstoff erinnert, ist ebenfalls vielseitig einsetzbar, beispielsweise für Krawatten. Bei Guttamotiven muß man etwas aufpassen.

Der matte, hauchzarte Chiffon und der etwas körnigere und robustere Crêpe Georgette zählen zu den transparenten Seidenarten. Mit wenig Aufwand läßt sich viel Wirkung erzielen: Als Schal, Tuch oder Vorhang, nur mit Farbverläufen bemalt oder großzügig aquarelliert, sind diese Seiden ein Traum. Gutta läßt sich schwer auswaschen. Wegen der lokkeren Webstruktur ziehen die beiden Leichtgewichte schnell Fäden.

Auf Jacquardseiden mit ihren eingewebten Mustern malen Sie zunächst einfache Farbverläufe oder großflächige Aquarellmuster und lassen das „Eigenleben" des Untergrundes wirken. Wer etwas Erfahrung hat, malt in Guttatechnik: Konturenmittel bitte verdünnen, Konturen etwas dicker und sehr sorgfältig ziehen. Auch Jacquard wird zu den verschiedensten Modellen verarbeitet – unter anderem zu besonders schönen, formstabilen Krawatten.

Weiteres Zubehör

Was Sie sonst noch brauchen, sehen Sie in der Abbildung auf Seite 8.
Noch ein Tip für die Grundausstattung: Viele Hersteller bieten Seidenmalkästen mit allen Utensilien für die ersten Malversuche.

Wichtige Handgriffe

Vor dem Malen spannen Sie die Seide auf, dann möchten Sie vielleicht eine Vorlage übertragen. Nach dem Malen müssen Sie fixieren – hier erfahren Sie, wie Sie alles in den Griff bekommen:

Seide aufspannen

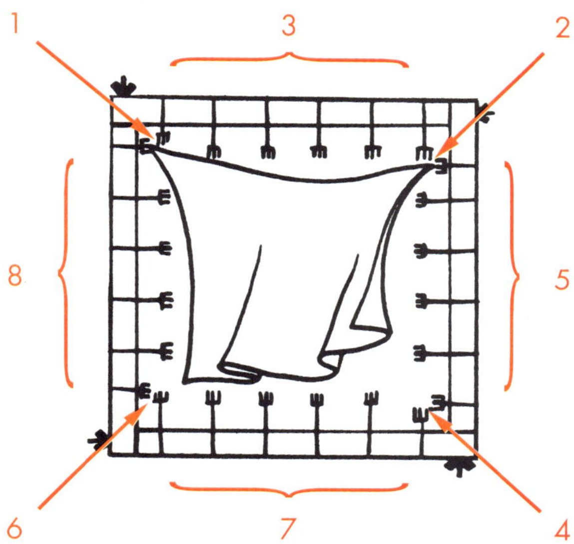

Spannschema

Die Seide muß fadengerade und straff wie ein Trommelfell gespannt werden. So können Sie die Hand beim Malen auflegen, Sie erhalten saubere, haltbare Guttalinien, und die Farbe verteilt sich gleichmäßig. Es ist gar nicht schwer, wenn Sie folgendermaßen vorgehen: Wenn Sie Dreizackstifte oder Pins verwenden, sollten Sie die Rahmenleisten mit abwischbarem Paketklebeband vor Farbe schützen. Sonst könnten Farbreste bei künftigen Malereien abgelöst werden. Nach dem Malen wischen Sie das Klebeband ab.

1. Seide glatt auflegen und zuerst eine Ecke befestigen, hier links oben.
2. Dann die rechte obere Ecke fixieren.
3. Nun stecken Sie die ganze obere Seite zwischen den beiden Ecken fest. Der Abstand zwischen den einzelnen Stiften oder Krallen sollte je nach Format 3 bis 6 cm betragen. Achten Sie darauf, daß in der Seide keine Spannstreifen durch genau gegenüberliegende Stifte entstehen. Also die Krallen immer versetzt einstechen.
4. Weiter geht's mit der rechten unteren Ecke …
5. … dann kommt die rechte Seite an die Reihe.
6. Nun die linke untere Ecke feststecken.
7. Die untere Seite spannen.
8. Nun die vierte, also die linke, Seite feststecken.

Sollten Sie bei einem stufenlos verstellbaren Rahmen nachspannen müssen: äußeren Stift in einer Ecke entfernen, Seide nachspannen, (eventuell Eckbefestigung des Rahmens vorsichtig aufschrauben, nachspannen, zuschrauben), Stift wieder eindrücken. Oft reicht es, wenn Sie lediglich eine Seite an beiden Enden korrigieren.

Vorlagen übertragen

Ein originalgroßes Muster pausen Sie mit Filzstift oder Kugelschreiber auf Transparentpapier durch. Sie können die Zeichnung auch auf Normal- oder Transparentpapier fotokopieren – dies müssen Sie ohnehin, wenn Sie die Vorlage auf das gewünschte Format vergrößern wollen. Wenn Sie ein Motiv öfters brauchen, machen Sie am besten gleich die entsprechende Anzahl Kopien.

1. Nun nehmen Sie einen sehr weichen Bleistift und ziehen alle Linien des Motivs auf der Papierrückseite nach. Für diese Demonstration übertrage ich nur einen Ausschnitt.

2. Spannen Sie die Seide mit Klebeband auf eine glatte Unterlage, so daß sie aufliegt. Oder spannen Sie den Stoff gleich auf den Rahmen, dabei Bücher oder ähnliches unterlegen. Es ist hier auch möglich, die Seide mit der Oberseite nach unten in den Rahmen zu spannen und diesen umzudrehen.
Legen Sie die Vorlage mit der Bleistiftseite nach unten auf die gespannte Seide und stekken oder halten die Vorlage mit einer Hand fest.

3. Ziehen Sie alle Linien mit hartem Bleistift oder Kugelschreiber unter leichtem Druck auf der Papiervorlage nach.

Genauso können Sie die Linien auch mit einem Scherengriff durchreiben. Gut festhalten, damit nichts verrutscht.

4. Jetzt haben Sie die Bleistiftlinien auf die Seide übertragen.

Seidenfarben fixieren

Grundsätzlich sollten Sie Ihre Malerei je nach Farbtyp mit dem Bügeleisen bzw. im Fixiergerät nach Herstelleranweisung fixieren. Alle anderen Methoden – hier stelle ich Ihnen nur die gängigsten vor – sind nur bedingt zu empfehlen.

Bügelfarben fixieren

... mit dem Bügeleisen: Bemalte Seide gut trocknen lassen. Eventuell farblose Gutta ausspülen. Nun jede Stelle der Seide von der Rückseite je nach Produkt 2 bis 5 Minuten bei mittlerer Temperatur ohne Dampf bügeln. Bitte beachten Sie die Anweisung des jeweiligen Herstellers.

... im Backofen: Bei großen Stücken ist das Bügelfixieren langwierig. Manche Hersteller schlagen vor, die Seide statt dessen im Backofen zu fixieren. Packen Sie die bemalte und trockene Seide in Alufolie ein. Auf den Rost legen und etwa eine Viertelstunde bei 130 bis höchstens 150° fixieren. Im Heißluftherd reichen 100°. Vorsicht: Bei Überhitzung kann sich das Konturenmittel in die Seide einbrennen, die Seide wird braun. Machen Sie deshalb am besten vorab ein Probestück mit kräftigen Farben und farbloser Gutta.

Dampffixierfarben fixieren

... im Fixiergerät: Beim Fixierservice Ihres Bastelhändlers sind Ihre Malereien gut aufgehoben. Die Seide wird zusammen mit saugfähigem Papier um einen Metallstab gewickelt. Diese Rolle wird in einen langen Metallkasten oder einen aufrechten Röhrenkörper gesteckt, dessen Boden mit Wasser gefüllt ist. Nun setzt man die Seide im geschlossenen Gerät über mehrere Stunden heißem Wasserdampf aus. Separate Kochplatten oder eingebaute Heizstäbe sorgen für die Energiezufuhr. Da ein Fixiergerät mehrere hundert Mark kostet, lohnt der Kauf nur, wenn Sie sehr viel malen.

... im Schnellkochtopf: Diese Technik eignet sich für kleine Seidenobjekte. Legen Sie die bemalte, trockene Seide glatt auf zwei Lagen Seiden-, Makulatur- oder unbedrucktes Zeitungspapier. Weitere zwei Lagen Papier auf die Seide legen, darauf dann je nach Bedarf ein zweites Seidenstück, dann wieder Papier usw. Nun das Ganze zu einem länglichen Päckchen formen, das Sie zu einer Schnecke zusammenlegen.

Je nach Größe des Dampfkochtopfes einen halben (kleine Größen) bis etwa anderthalb Liter (10-l-Topf) Wasser in den Topf gießen. Die Menge ist richtig, wenn Sie den gelochten Siebeinsatz (am besten auf dem Abstandsbügel) hineinsetzen und dessen Boden nicht im Wasser steht, etwa 2 cm Luft sollten dazwischen sein. Legen Sie am besten noch eine umgedrehte Untertasse o. ä. in den Einsatz und erst darauf das Seidenpäckchen, das jetzt nur auf einer kleinen Fläche aufliegt. Darüber kommt ein loses (!) Stück Alufolie, das die Seide vor Kondenswassertropfen schützt.

Je nach Modell eventuell das Ventil öffnen. Topf schließen und auf höchster Stufe erhitzen. Mindestens eine gute Dreiviertelstunde (kleiner Topf) oder anderthalb Stunden (10-l-Topf) kochen lassen, lieber etwas länger.

Danach Dampf entweichen lassen, Deckel öffnen und das heiße Päckchen mit einem Küchenwerkzeug herausnehmen. Erst nach dem Abkühlen auswickeln.

... im Backofen: Sie brauchen ein Gerät mit Unterhitze. Schieben Sie ein tiefes Backblech auf die unterste Schiene und füllen es zu etwa zwei Dritteln mit Wasser. Ein sauberer Gitterrost sollte auf der Mittelschiene liegen. Stellen Sie 150 bis 180° ein, bitte nur Unterhitze. Ein Stück Alufolie und darauf das Päckchen mit dem Fixiergut (Einwickeltechnik siehe Fixieren im Schnellkochtopf) auf den Rost legen. Auch auf das Päckchen legen Sie zum Schutz gegen Wassertropfen ein Stück Alufolie. Die Folie nur lose auflegen, damit der Dampf noch die Seide erreicht! Mindestens zweieinhalb Stunden dampffixieren.

Auswaschen nach dem Dampffixieren

Lassen Sie die Seide noch ein paar Tage liegen. Dann waschen Sie den Farbüberschuß und eventuell Gutta, Verdicker usw. in sehr warmem Wasser und einem Schuß Essig aus, bis keine Farbe mehr ausblutet. Dabei muß die Seide immer bewegt werden und darf nicht zusammengeknüllt oder gefaltet liegenbleiben, da sie noch abfärben könnte. Nun das Ganze trockenbügeln.

Was Sie bei den Anleitungen beachten sollten

Wenn nicht anders angegeben, wird die Seide vor dem Malen auf den Rahmen gespannt (siehe Seite 17). Auch das Fixieren der fertigen Malereien wird nicht mehr in den Anleitungen erwähnt. Ihre Grundausstattung (Seite 8) sollten Sie immer griffbereit haben. Welche Seidenqualitäten, Farbtöne usw. für die verschiedenen Modelle benötigen werden, erfahren Sie in den Materiallisten.

Farbenmischen leicht gemacht

Über Farbtheorie ließe sich ein dickes Buch schreiben – doch wir wollen ja malen! Daher in aller Kürze eine praktische Farbenlehre:

Grundfarben

Gelb, Rot und Blau sind die drei Grund- oder Primärfarben, und zwar neutrales Gelb (Zitronengelb), Magentarot (fast Pink, Purpur) und Cyanblau (weder rot- noch grünstichig). Diese Farben lassen sich nicht aus anderen mischen – aber alle anderen Farben können Sie aus den dreien herstellen. Bezeichnen die Farbhersteller andere Töne als Grundfarben, etwa Sonnengelb, Klatschmohnrot und Kobaltblau, so können Sie auch damit mischen. Nur handelt es sich bereits um Mischfarben.

Sekundärfarben

Jeweils zwei Grundfarben, zu gleichen Teilen gemischt, ergeben die Sekundärfarben:

Gelb + Rot = Orange
Gelb + Blau = Grün
Rot + Blau = Violett

Tertiärfarben

Nun mischen wir die Sekundärfarben mit den in ihnen enthaltenen Grundfarben:

Orange + Gelb = Gelborange, Goldgelb
Orange + Rot = Rotorange, Tomatenrot
Grün + Gelb = Gelbgrün, Apfelgrün
Grün + Blau = Blaugrün, Smaragdgrün
Violett + Blau = Blauviolett, Veilchenblau
Violett + Rot = Rotviolett, Fingerhut

Komplementärfarben

Den *stärksten Kontrast* bilden die folgenden Farbpaare: Gelb ist die Komplementärfarbe von Violett; Blau von Orange; Rot von Grün.

Die Grundfarben Magenta, Gelb und Cyan wurden naß-in-naß aufgetragen. In den Übergangsbereichen entstehen Orange und Grün

Natürliche Grüntöne

Mischt man wiederum die beiden Komplementärfarben, so vermengt man Anteile aller drei Grundfarben: Es entstehen Braun- und Grautöne, die – im Gegensatz zum »Chemiegrün« aus dem Gläschen – sehr lebendig und natürlich wirken.

Für Blätter, Bäume und Wiesen können Sie auch Gelb mit einem Tropfen Schwarz mischen. Sie erhalten ein warmes Olivgrün. Noch einen Hauch Rot oder Blau dazu, und Sie haben die schönsten Nuancen.

Schwarz und Weiß

… gelten als »unbunte« Farben. Kräftige Töne leuchten auf schwarzem Grund noch stärker. Schwarz wirkt sehr stark: mal elegant, mal dramatisch, mal geheimnisvoll und durchaus auch mal düster. Sie sollten etwas vorsichtig damit umgehen. Zuviel Schwarz erschlägt zarte, helle Farben. Auch beim Mischen erhalten die Farben schnell einen Schmuddelton und wirken leblos. Dunkeln Sie lieber mit neutralem Marineblau ab, eventuell mit einer Spur der jeweiligen Komplementärfarbe.

Weiße Farbe zum Aufhellen wird nicht benötigt. Wollen Sie zarte Pastelltöne, beispielsweise ein Rosa, verdünnen Sie rote Seidenmalfarbe mit Wasser oder Verdünner, so daß der weiße Seidenuntergrund stärker durchscheint. Was später weiß erscheinen soll, wird beim Malen ausgespart.

Warme und kalte Farben

Als warme Farben bezeichnet man Gelb, Orange und Rot. Die kalten Töne sind Grün, Blau und Violett. Dabei ist anzumerken, daß wir beispielsweise auch ein Rot als kalt empfinden können (nämlich wenn es blaustichig ist wie Karminrot) und ein Grün als warm (denken Sie an das gelbstichige Maigrün).

Farbzusammenstellungen

Welche Farben sich kombinieren lassen, das ist ebenfalls ein umfassendes Thema. Zum Glück haben wir die psychologische Wirkung bestimmter Farben im Gefühl. Malen Sie also, wie es Ihrer Stimmung entspricht, und halten Sie die Augen offen für Anregungen: Fotos, Gemälde, Geschenkpapiere, Stoffmuster... Je länger Sie sich mit dem Thema beschäftigen, desto feinfühliger werden Sie Farben wahrnehmen und sie einsetzen.

Nun ist es aber höchste Zeit, zu Pinsel und Farbe zu greifen! Damit Sie Ihre Farben kennenlernen, machen Sie einmal diese Übung:

Mischübung: Farbspiele

Spannen Sie die Seide auf (Anleitung Seite 17). Zeichnen Sie mit Bleistift vor oder malen Sie gleich mit farbloser Gutta ein Bild mit vielen kleinen Äpfeln und Birnen, etwa im Format 40 x 40 cm (Seite 22). Als Motive eignen sich auch: Baum mit vielen Blättern, Blumenstrauß, Papagei mit bunten Federn, Schmetterling, geometrische Formen …

Dann experimentieren Sie nur mit den Grundfarben Gelb, Rot und Blau. Verdünnen Sie außerdem mit Wasser. Setzen Sie auch mal zwei Töne naß-in-naß nebeneinander in ein größeres Feld, so daß sich die Farben auf der Seide

mischen. Sie können sich besonders schöne Mischungen notieren, also beispielsweise:

Rot + Pink + Gelb = Kupferrot
Grün + Blau + Gelb + Schwarz = Petrolblau
usw. Nachdem Sie etliche Farben gezaubert haben, können Sie Schwarz dazunehmen.

Grundtechniken im Überblick

Blättern Sie bitte um auf Seite 24: An einem einfachen Motiv sehen Sie, welch unterschiedliche Effekte Sie allein mit verschiedenen Techniken erzielen. Damit die Erdbeeren in Form bleiben, wurden sie teilweise vorher mit farbloser Gutta umrandet.

1. Plakatives Ausmalen
Die Felder sind gleichmäßig mit purem Rot und Grün ausgemalt. Sehr effektvoll, aber nicht die beste Lösung für unsere Beere, die eher wie eine Tomate aussieht ...

2. Salztechnik
Nun würzen wir unsere Erdbeere, die rot und grün grundiert wurde, mit Salz. Die bizarren Strukturen erinnern tatsächlich an die Beeren-Körnchen.

3. Guttatechnik
Körnchen und Blattrippen vor dem Malen mit Gutta konturieren, danach alles ausmalen: Das Motiv wirkt grafisch.

4. Schichttechnik, verdeckte Gutta
Diese Erdbeere sieht mit ihren braunen Stellen nicht gerade zum Anbeißen aus. Wechselweise wurden Farb- und Guttaschichten aufgetragen, dadurch entstehen neue Farbmischungen.

5. Auswaschtechnik
In die Farbflächen wurden nach dem Trocknen Alkoholtröpfchen gesetzt. Ähnliche Effekte gelingen auch mit Wasser oder Verdünner. Diese Farbverschiebungen entstehen bei Bügelfarben nur, solange sie feucht sind.

6. Aquarell: naß-in-naß
Hier wurden die Flächen mit Wasser befeuchtet, dann etwas Rot aufgetupft und mit dem Pinsel verrieben. Die Übergänge sind weich. Eine weitere Farbe wurde nicht benutzt – trotzdem haben wir eine gerundete Form gemalt.

7. Malen auf imprägnierter Seide
Vor dem Malen wurde die Seide mit Aquarellgrund eingestrichen, damit die Farben nicht verlaufen. Nach dem Trocknen wird in Aquarell- und Auswaschtechnik gemalt. Diese Methode kommt dem Malen auf Papier sehr nahe.

8. Drucken mit verdickter Farbe
Verdickte Farbe wird auf eine Glasplatte gebracht und auf die Seide gedruckt. Das Motiv kann noch weiter gestaltet werden. Eine interessante Technik für gegenständliche und abstrakte Motive.

9. Marmorieren
Einst wohlgehütetes Geheimnis orientalischer Papierkünstler, heute eine der beliebtesten Techniken auch zum textilen Gestalten. Marmorieren ist kinderleicht und immer effektvoll.

8 Drucken mit verdickter Farbe

9 Marmorieren

Die neun Grundtechniken im Überblick. Die Kurzbeschreibungen finden Sie auf Seite 23.

1 Plakatives Ausmalen
2 Salztechnik
eine Variation
5 Auswaschtechnik

Malen ohne Rahmen

Für viele experimentelle Techniken brauchen Sie keinen Spannrahmen und kommen mit einem Minimum an Zubehör aus. Selbst wer „eigentlich nicht malen kann", schafft effektvolle Tücher, Schals, Kissen usw.: Daher sind diese Techniken besonders beliebt in Kursen – bei Kindern wie bei Erwachsenen!
Sie dürfen nach Herzenslust knoten, abbinden, wickeln, zwirbeln, tauchen … Alle Tricks sind erlaubt! Aus der Vielzahl an Möglichkeiten stellen wir die Rosettentechnik vor. Der Name sagt es schon: Das Ergebnis erinnert an feingliedrige rosettenähnliche Blüten. Nehmen Sie dünnere Seiden, zum Beispiel die preiswerte Pongé 05.

Tücher in Rosettentechnik

Material und Zubehör

Abwischbare Arbeitsplatte oder Folie
Seidentuch oder Schal (hier: Crêpe de Chine)
2–3 Farben Ihrer Wahl
Pinsel oder Pipette
Evtl. Haarfön

1. Falls Sie keine Glasplatte oder ähnliches haben, decken Sie Ihren Arbeitstisch mit einem großen Stück Folie glatt ab. Die Folie muß so groß sein wie Ihr Seidenstück.
2. Halten Sie die Seide kurz unter den Wasserhahn und wringen Sie sie aus. Der Stoff sollte nicht mehr tropfnaß, aber noch gut feucht sein.

3. Legen Sie die Seide auf den Tisch. Zwirbeln Sie nun an mehreren Stellen kleine, etwa 3 bis 5 cm hohe Türmchen: Fest zusammendrehen und die Seiden zwischen den einzelnen Türmchen strammziehen, so daß lange, geradlinige Falten entstehen.
Nachdem Sie das gesamte Seidenstück bearbeitet haben, ist es ungefähr noch halb so groß.

4. Jetzt greifen Sie zur ersten, bitte immer hellen Farbe (hier: Gelb). Besonders einfach ist das Auftragen, wenn Sie Pipettenflaschen haben, dann können Sie die Farbe – ausnahmsweise – direkt aus dem Originalglas auftropfen. Sonst tupfen Sie die Farbe mit einem

mitteldicken Pinsel auf. Beginnen Sie mit den „Turmspitzen", den späteren Blütenmitten: Bitte die Farbe nicht mit Druck aufstreichen, sondern zart auftropfen.

5. Tragen Sie eine zweite Farbe um die erste herum auf. Hier haben wir rote und blaue Blütenblätter gemalt.

6. Füllen Sie die Lücken zwischen den Blüten mit einer weiteren Farbe.

7. Lassen Sie das Ganze auf der Folie völlig durchtrocknen. Erst danach dürfen Sie Ihr Werk entfalten und sich über die vielfältigen Muster freuen.

▼ Varianten

Ziehen Sie die Seide zwischen den Türmchen nicht glatt, sondern schieben Sie sie locker zusammen. Das ergibt reizvolle Krakelee-Effekte.

Wenn Sie Ihrer Malerei noch mehr Tiefe geben wollen, setzen Sie noch ein paar Akzente mit Goldgutta aus der Tube.

Salztechnik

Salz auf die feuchte Farbe streuen …

Kaum eine andere Methode auf dem Spannrahmen bietet Einsteigern so schnelle und verblüffende Erfolgserlebnisse wie die Salztechnik. Bizarre Gebilde, die an Blumen, kleine Fische oder flammenartige Ornamente erinnern, entstehen wie von selbst, wenn Sie trockenes (!) Salz auf die noch feuchte, möglichst mehrfarbig grundierte Seide setzen. Sie können jedes Salz vom feinen Küchensalz bis zum groben Bäckersalz oder Effektsalz (Seidenmalzubehör) nehmen.

Das Geheimnis liegt in der Fähigkeit des Salzes, Flüssigkeit anzuziehen und aufzunehmen. Anders ausgedrückt: die Farbe fließt zum Salz hin. Gleichzeitig lagern sich einzelne Farbpigmente um die Körnchen herum ab und bilden dunkle Ränder. Oft zerlegen sich Farbmischungen wieder in ihre einzelnen Anteile. Die stärksten Effekte gelingen auf dunklen Farbgrundierungen.

… und abwarten:
Beim Trocknen entstehen Zacken und Schlieren.

■ **Achtung:**

Kein Salz in die Farbgläser bringen, die Farbe wird unbrauchbar. Sollte die Technik nicht funktionieren, war entweder das Salz feucht, die Farbe schon zu trocken oder noch so klatschnaß, daß die Körnchen darin »ertrinken« und gelöst werden. Lassen Sie die Salzkörnchen liegen, bis die Seide völlig trocken ist – manchmal lassen sich die Effekte etwas Zeit. Probieren Sie diese faszinierende Methode, zu der Sie keinerlei Maltalent brauchen.

Danach unbedingt das Salz
restlos entfernen.

Das Einsteiger-Tuch (Foto Seite 32)

Die Anleitung ist besonders ausführlich: Sie lernen die Salztechnik kennen, und damit auch ein bißchen gezieltes Malen ins Spiel kommt, üben Sie gleichzeitig den Umgang mit Gutta und Linerfläschchen.

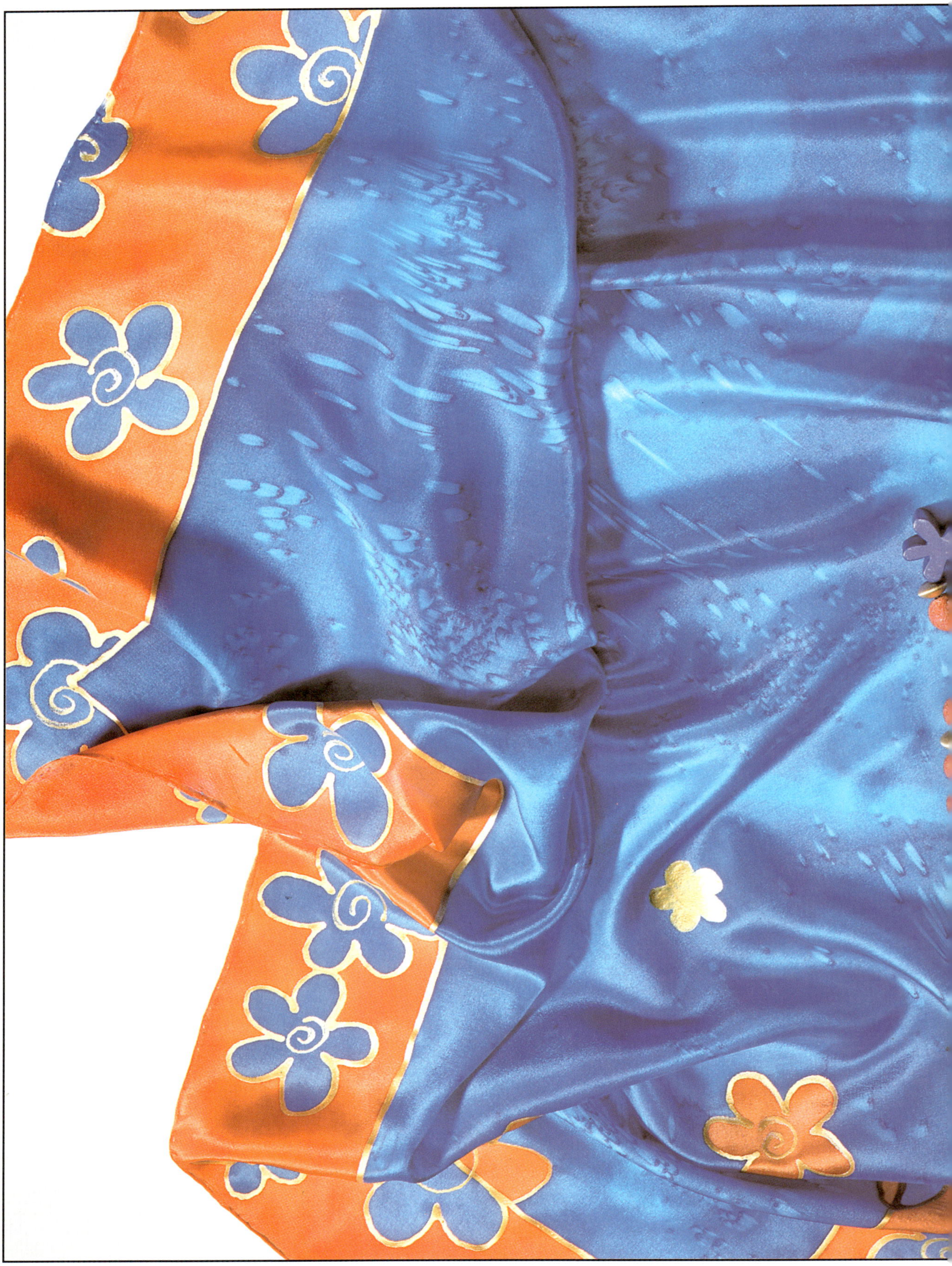

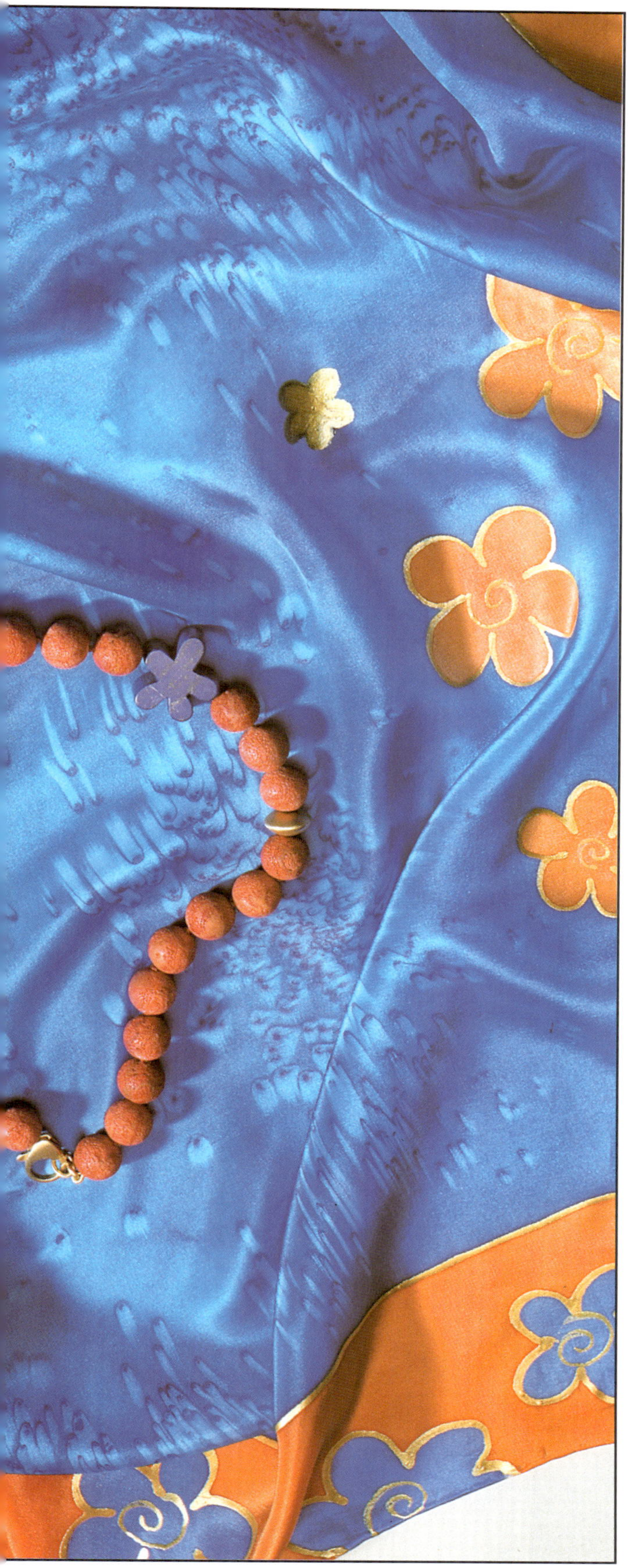

Material und Zubehör

Tuch aus Pongé Nr. 08, 90 x 90 cm
2 bis 3 Seidenmalfarben, hier: Korallenrot, Kobaltblau, Türkisblau
Evtl. Verdünner oder Wasser
Auswaschbarer Bleistift oder Phantomstift
Evtl. Lineal
Kleine Malbecher, standfest, am besten mit Deckel
Dicker Pinsel für den Hintergrund
Mittlerer Pinsel für die Motive (etwa Nr. 10)
Goldgutta
Linerfläschchen
Federaufsatz 0,7
Papiertaschentuch
Effektsalz

Vorzeichnen, Konturen ziehen

1. Kappe des Fläschchens einen knappen Zentimeter von der Spitze entfernt abschneiden und die Trichterfeder fest aufschrauben.
2. Rühren Sie die Gutta im Gläschen um und füllen etwas in das Linerfläschchen. Flasche verschließen. Lassen Sie die Mischung noch eine Stunde ruhen, damit die Luftblasen verschwinden.
3. Ziehen Sie freihändig oder mit dem Lineal einen etwa 7 cm breiten Außenrahmen auf das gespannte Tuch. Skizzieren Sie einfache Blumen rundherum und in das Mittelfeld. An einer Stelle sollte ein Motiv von der Randkante bis zum Rollsaum reichen, damit erleichtern Sie sich später das Malen der Rahmenfläche (siehe Schritt 7). Bitte nur zart mit dem Bleistift oder Phantomstift vorzeichnen.
4. Alle Linien mit dem Guttafläschchen nachziehen. Die Kringel in den Blüten brauchen Sie noch nicht zu malen. Nehmen Sie ein Papiertaschentuch oder einen Lappen in die andere Hand, damit Sie die Spitze zwischendurch immer wieder abwischen können. Beim Konturenziehen halten Sie die Flasche ähnlich wie einen Kugelschreiber schräg zur Seide und drücken sie leicht mit dem Daumen zusammen, bis die Gutta fließt. Ziehen Sie die Linien ruhig und setzen Sie möglichst wenig ab.

Nicht zu schnell und nicht zu langsam, die richtige Geschwindigkeit werden Sie bald heraushaben: Mit flüssiger Gutta, großer Federöffnung und auf dünner Seide läßt es sich am schnellsten malen. Sie können nach allen Seiten malen, am schönsten werden die Linien, wenn Sie sie von rechts nach links (Linkshänder umgekehrt) oder auf sich zu ziehen und nicht „schieben". Stützen Sie Ihre Malhand leicht auf der Seide oder dem Rahmen auf.
Wenn Sie gerade irgendwo nicht bequem hinkommen, lassen Sie diese Stelle erst einmal weg und bearbeiten diese später. Drehen Sie den Rahmen ab und zu oder laufen Sie drumherum. Achten Sie darauf, keine schon gemalten Linien zu verwischen. Rechtshänder malen im Idealfall von links unten nach rechts oben, Linkshänder von rechts unten nach links oben.
5. Konturen trocknen lassen. Wie lange dies dauert, hängt von der Raumtemperatur, der Konturenstärke, der Seidendicke und natürlich dem Konturenmittel ab, so daß sich hier keine allgemeine Empfehlung geben läßt. Wenn Sie zu früh mit dem Malen anfangen, kann es Ihnen passieren, daß die Seidenmalfarbe das Konturenmittel anlöst.

Malen

6. Füllen Sie aus jedem Originalfarbglas eine kleine Menge in Ihre Malbecher. Eventuell ein wenig Verdünner oder Wasser zugeben.
7. Malen Sie nun den korallenroten Rahmen. Beginnen Sie an der Stelle, wo eine Blume den Tuchrand berührt. Nehmen Sie nicht zuviel Farbe auf den Pinsel. Malen Sie nie direkt bis an die Guttalinien, die Farbe läuft von selbst dorthin. Beobachten Sie, wie weit sich die Farbe ausbreitet, und tupfen hier und da in den Ecken nach. Jeder neue Pinselstrich muß beim Ansetzen die bereits aufgetragene feuchte Farbe berühren, so wird die Fläche gleichmäßig.
8. Wenn Sie möchten, malen Sie schon jetzt die korallenroten Blumen im Mittelfeld und die blauen im Rand, dies können Sie auch später tun. Beim Farbwechsel den Pinsel sehr gründlich ausspülen und trocknen oder gleich einen anderen Pinsel nehmen.
9. Nun kommt das Mittelfeld an die Reihe. Für alle großen Flächen gilt: Richten Sie sich vorab genügend türkis- und kobaltblaue Farbe her, lieber zu viel als zu wenig. Wenn Sie mittendrin Farbe nachfüllen oder gar nachmischen müssen, ist der Trockenrand unvermeidlich.
10. Beginnen Sie an der linken Seite (Linkshänder: rechts) des Feldes. Tauchen Sie den dicken Pinsel erst in die blaue Farbe und malen damit einen oder mehrere dicke Striche, die sofort auseinanderlaufen. Nun nehmen Sie – ohne den Pinsel auszuspülen – die türkise Farbe auf und setzen sie in und neben die blaue. So arbeiten Sie sich zügig nach rechts vor, bis das ganze Feld bemalt ist.

Salztechnik

11. Nun sollte Ihr Rahmen flach auf dem Tisch liegen, bei Standgeräten kippen Sie den Rahmen in die Horizontale. Solange die Farbe noch feucht ist, streuen oder setzen Sie Salzkörnchen auf die Fläche, ganz nach Laune. Nun brauchen Sie gar nichts mehr tun, das Salz arbeitet für Sie. Vielleicht sehen Sie schon, wie die Kristalle die Farbflüssigkeit anziehen? Lassen Sie das Ganze in Ruhe völlig durchtrocknen.
12. Jetzt kehren Sie das Salz mit der Hand oder einem alten Pinsel von der Seide. Es dürfen keine Körnchen daraufbleiben. Lassen Sie die farbigen Salzkörner an einem warmen Ort trocknen. Sie können das Salz im Schraubglas aufbewahren und wieder verwenden.
13. Wenn Sie's nicht schon unter Schritt 8 erledigt haben, malen Sie nun die Blumen aus.
14. Nach dem Trocknen malen Sie noch Kringel auf die Blüten. Die gut deckende Metallicgutta können Sie als Aufsetzfarbe verwenden.

Konturenmittel-Techniken

Ob Gutta, Kleister, verdickte Farbe, Stoffmalfarbe, Glitzerfarbe, Ölkreide oder Wachs: Allen Trennmitteln ist gemeinsam, daß sie dem Farbfluß eine Grenze setzen, indem sie Linien oder Flächen auf der Seide reservieren. Die beliebteste Methode ist die Guttatechnik.

Modernes Folkloretuch

Foto und Vorlage auf Seite 36–38.
Das rote Tuch mit den stilisierten, orientalisch anmutenden Blumen kennen Sie schon vom Titelbild. Es eignet sich mit seinem volkstümlichen Muster, den geschwungenen Linien und verschieden großen Farbflächen bestens, um Guttatechnik und plakatives Ausmalen zu probieren. Einsteiger sollten ein 90 x 90 cm-Tuch aus glatter Pongéseide wählen.

Material und Zubehör

Seidentuch, 110 x 110 cm, Jacquard
Schwarzes, wasserlösliches Konturenmittel
Linerfläschchen mit Federaufsatz 0,5 oder 0,7
Seidenmalfarben: Gelb, Hellrot, Türkis, Königsblau, Grasgrün
Mitteldicker Pinsel (Motive)
Dicker Pinsel mit guter Spitze (Hintergrund)

Hinweis:

Zur Handhabung des Guttafläschchens lesen Sie bitte Seite 33.

1. Vorlagen mit dem Fotokopierer in der Wunschgröße vergrößern und auf die Seide übertragen (Anleitung Seite 18).
2. Konturen mit schwarzer, relativ dünnflüssiger Gutta nachziehen. Ziehen Sie die Linien nicht zu schnell und sicherheitshalber etwas dicker.
3. Beim Ausmalen der Motive beginnen Sie immer mit den hellsten Farben. Dies hat folgenden Vorteil: Sie erkennen undichte Konturen frühzeitig und können Farbüberläufer leicht beseitigen, später mit einer dunkleren Farbe übermalen oder noch ein weiteres Motiv dazumalen. Füllen Sie also alle gelben Felder. Dabei den Pinsel nicht an der Kontur aufsetzen, sondern in der Mitte des Feldes.
4. Genauso malen Sie die übrigen kleinen Motive aus.
5. Zum Schluß kommt der Hintergrund an die Reihe. Benutzen Sie keinen Flachpinsel, sondern ein spitz zulaufendes Modell, damit Sie gut in die Ecken kommen. Jeder neue Pinselstrich überlappt am Rand den bereits gemalten: So werden große Flächen gleichmäßig.
6. Prüfen Sie bereits beim Malen des Hintergrundes oder zum Schluß, ob der Rollsaum auch auf der Rückseite durchgefärbt ist. Wenn nicht, sparsam nachtupfen, solange die Farbe der Umgebung noch feucht ist.

Tip

Ziehen Sie bei Motiven, die den Tuchrand berühren, unbedingt die Guttakonturen über den gesamten Rollsaum bis auf die Tuchrückseite. Sonst kommt es zu unerwünschten Farbüberläufern.

Jugendstil-Ornament

Vorlage auf Seite 40.
Geschwungene Linien und florale Elemente, die dem Jugendstil entlehnt sind, zählen zu meinen Lieblingsthemen. Dieses Muster in zarten Pastellfarben eignet sich für Tücher genauso wie für Kleidung, ich habe einen Stuhlbezug daraus genäht.

Material und Zubehör

Pongéseide Nr. 08, hier 40 x 40 cm
Goldgutta
Linerfläschchen mit Federaufsatz Nr. 0,5
Seidenmalfarben (Wenn Sie Auswascheffekte mit Alkohol möchten, verwenden Sie bitte Dampffixierfarben): Lila, Karminrot, Ultramarinblau, Schwarz
Evtl. Isopropanol-Alkohol, 50–70 % (Apotheke)

Malen

1. Übertragen Sie die Vorlage von Seite 41 (Anleitung auf Seite 18).
2. Ziehen Sie alle Linien mit goldener Gutta nach.
3. Malen Sie die Felder des Motivs in vielen schönen Mischtönen aus.
4. Den Hintergrund in einer passenden Farbe kolorieren.
5. Wenn Sie möchten, setzen Sie nach dem Trocknen noch kleine Alkoholtupfer in die größeren Felder.

Vorlage zum Folkloretuch von Seite 35 ff.

Ornament zeichnen

Natürlich können Sie die Vorlage übertragen wie auf Seite 17 ff. beschrieben. Aber vielleicht haben Sie Lust, einmal selbst ein Ornament zu entwerfen?

Material und Zubehör

Festes, eher weiches Zeichenpapier
Je ein härterer und ein weicher Bleistift
Haushaltsschere

1. Falten Sie das Papier einmal senkrecht in der Mitte. Legen Sie es wie ein Heft hin.

2. Zeichen Sie mit dem härteren Bleistift ganz zart auf die „Titelseite". Schnörkel, Linien, Blüten, Rechtecke, Rauten – was Sie möchten. Probieren Sie verschiedene Möglichkeiten aus. Wenn Sie zufrieden sind, ziehen Sie alle Linien mit weichem Bleistift kräftig nach.

3. Klappen Sie das Blatt so zusammen, daß die Zeichnung auf der Rückseite liegt. Die leeren Innenseiten des »Heftes« liegen außen.

4. Reiben Sie mit einem Scherengriff fest über die Rückseite der Zeichnung, so daß diese auf die gegenüberliegende Seite übertragen wird. Papier festhalten. Aufklappen – fertig!

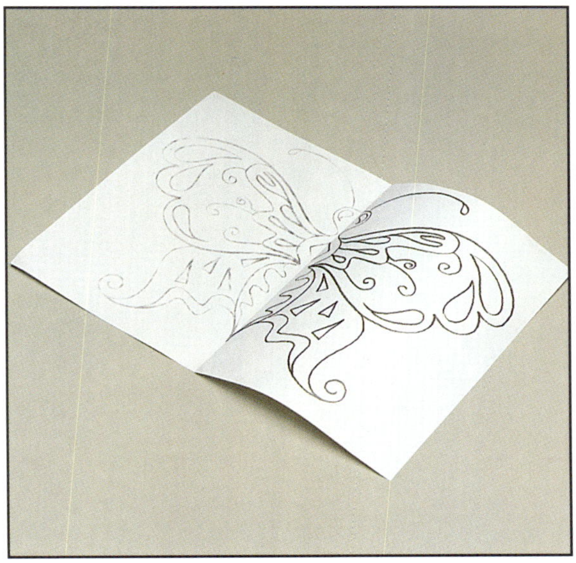

Schichttechnik

Das Grundprinzip dieser Technik ist einfach: Wo wasserabweisendes Wachs oder Gutta aufgetragen wurde, kann die Seidenmalfarbe nicht mehr zum Stoff durchdringen. Der Farbton, der geschützt unter dem Reservierungsmittel liegt, bleibt erhalten. Durch den wechselweisen Auftrag von Reservierungsmittel und Farben entstehen traumhafte Farbmischungen – genau wie beim Batiken. Da die Seide bei der Schichttechnik nicht in Farbbäder getaucht, sondern bemalt wird, bezeichnet man sie auch als „Mogelbatik".

Wachs und Gutta können aufgespritzt, getupft, gestrichen, gespachtelt und sogar gedruckt werden: Erlaubt ist, was gefällt. Eine »Schichtarbeit«, die viel Spaß macht, flott von der Hand geht, keinerlei Maltalent voraussetzt und ungeahnte Effekte zaubert!

Die Grundregeln des Farbauftrags

Grundieren Sie die Seide immer in hellen Farben und gehen dann Schritt für Schritt zu dunkleren, kräftigeren Tönen über.

Sehr lebendig wirkt die Malerei, wenn Sie die Seide nicht nur mit einer Farbe grundieren, sondern mehrere Töne aquarellartig ineinander laufen lassen.

Damit es kein trübes Braun-in-Grau gibt: Lesen Sie eventuell nochmals auf Seite 20 nach, wie sich die Farben mischen. Verwenden Sie benachbarte, miteinander verwandte Farben wie in unseren beiden Übungsmodellen auf Seite 45. Also beispielsweise zuerst ein verdünntes Hellblau auftragen, später ein kräftiges Ultramarin. Die schönsten Ergebnisse erzielen Sie mit Dampffixierfarben. Bei Bügelfarben sollten Sie nicht mehr als drei Farbschichten auftragen, sonst wird die Seide zu steif.

Reservieren mit Gutta

Farblose Benzingutta, die nur zusammen mit Dampffixierfarben benutzt werden sollte, eignet sich sehr gut: Die Farbe perlt weitgehend darauf ab.

Auch wasserlösliche Konturenmittel können benutzt werden, sie haben aber einen Nachteil: Diese Gutta darf nicht übermalt werden, sonst dringt die Farbe in die darunterliegende Seide ein. Da Sie also um die reservierten Formen herummalen müssen, eignen sich wasserlösliche Reservierungen nur für einfache Motive. Bei Bügelfarben sollten Sie wasserlösliche Gutta nehmen.

Reservieren mit Wachs

Für Batik und Seidenmalerei gibt es spezielle Mischungen aus geschmeidigem Bienenwachs und spröderem Paraffin (z. B. Javana, Waco). Einfache weiße Haushaltskerzen tun's genauso.

Das Wachs muß geschmolzen werden. Bitte stellen Sie dafür nie das Gefäß mit dem Wachs direkt auf Kochplatte oder Teestövchen! Das Wachs könnte überhitzt werden und brennen. Schmelzen Sie es lieber im Wasserbad: Wachsstückchen in eine leere Blechdose geben, diese in einen größeren Kochtopf mit Wasser stellen. Wasser auf dem Herd köcheln lassen, solange Sie mit dem Wachs arbeiten. Auch Wasserbadkocher eignen sich, das sind doppelwandige Töpfe, die eigentlich zum Puddingkochen bestimmt sind. Bitte auch hier aufpassen, daß immer genug Wasser im Topf ist.

Die ideale Lösung ist ein elektrischer Wachs-

Wenig Aufwand, viel Effekt! Das Modell auf der Nebenseite zeigt die einfachste Version der Schichttechnik: Mit farbloser Benzingutta Fantasie-Schriftzeichen über die ganze Tuchfläche zeichnen. Nach dem Trocknen mit Blau übermalen.

wärmer mit Thermostat (tixor malam, siehe Foto. Im Fachhandel/-versand). Wenn Sie oft und regelmäßig mit Wachs malen oder batiken, lohnt sich die Anschaffung.
Nehmen Sie nur alte Pinsel zum Wachsauftragen, für andere Zwecke sind sie hinterher unbrauchbar. Am besten eignen sich Synthetikpinsel. Nicht alle Borstenpinsel vertragen die hohe Temperatur. Weiche Haarpinsel sind ungeeignet. Auch Batik-Tjantings (im Foto: vorn, Mitte) können Sie verwenden. Übrigens: Das Wachs darf immer nur auf trockene Farbschichten gebracht werden.
Bügelfarben können in der chemischen Reinigung verdorben werden – bügeln Sie daher bei Bügelfarben das Wachs am besten aus.

Vielschichtige Kleckse

Das Übungsbeispiel auf Seite 45 bietet Ihnen zwei Farbstellungen zur Auswahl. Malen Sie sich Tuch, Schal, Krawatte, Tischband, Kissen oder Vorhänge ganz in Ihren Lieblingstönen.

Material und Zubehör

Pongéseide Nr. 08
Seidenmalfarben: Gelb, Pink, Tomatenrot, Schwarz. Oder: Gelb, Türkisblau, Kobaltblau, Marineblau
Weiße Haushaltskerzen aus Paraffin oder Batikwachs
Blechdose und alter Kochtopf
Alte Flachpinsel beliebiger Stärke
Dicke Seidenmalpinsel oder Flächenstreicher
Altes Zeitungspapier

Utensilien rund um die Wachstechnik

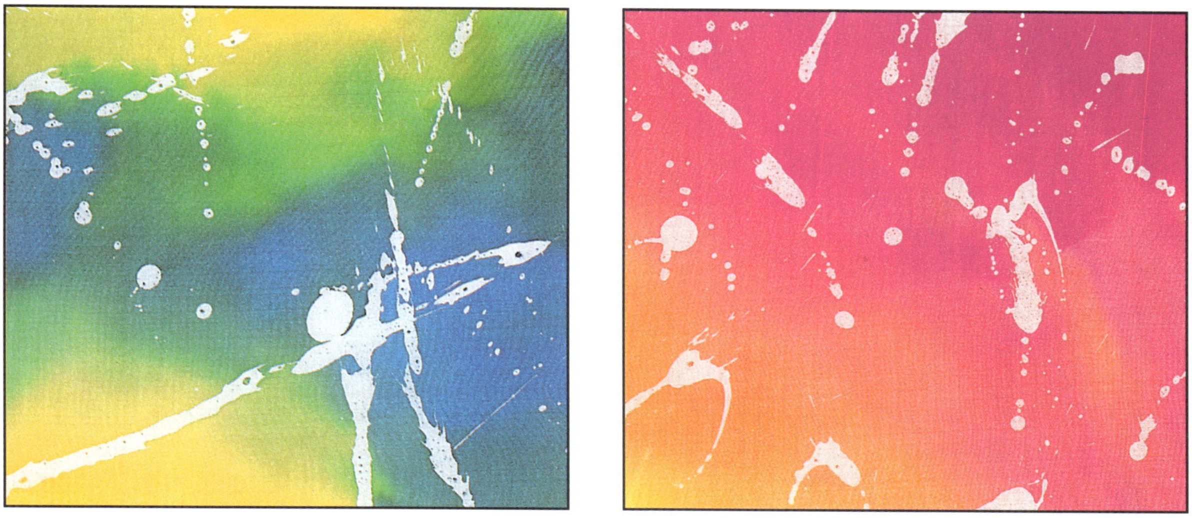

Abb. 1 Erster Wachs- und Farbauftrag

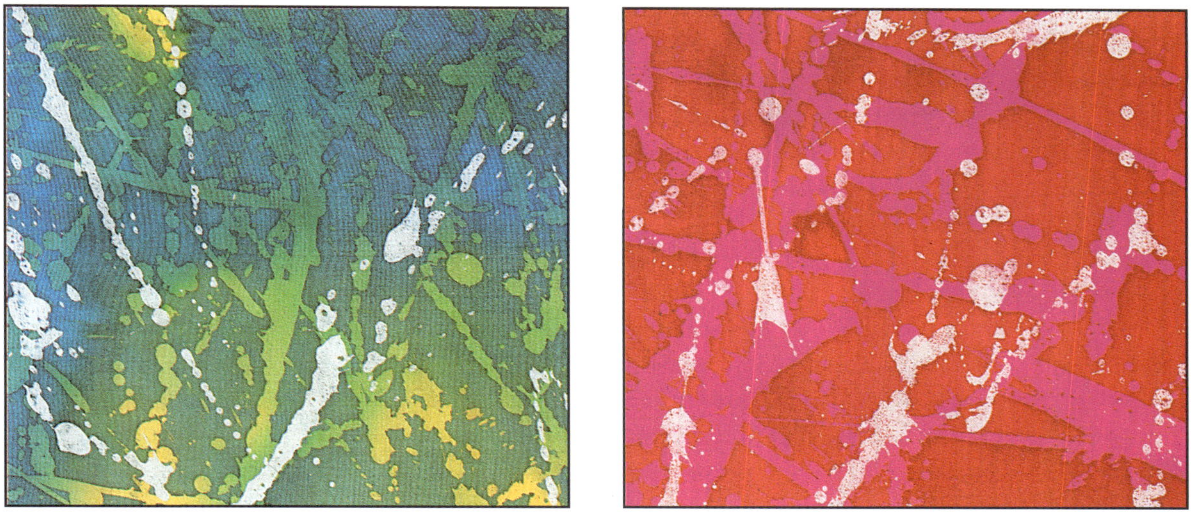

Abb. 2 Zweiter Wachs- und Farbauftrag

Abb. 3 Dritter Wachs- und Farbauftrag

1. Bevor Sie beginnen, schützen Sie die Umgebung Ihres Malplatzes mit Zeitungspapier oder Folie. Nur wenn Sie beim Malen nicht ängstlich an Möbel und Fußboden denken müssen, haben Sie den richtigen Schwung.
2. Schmelzen Sie das Wachs vollständig. Solange Sie malen, muß es dünnflüssig und durchsichtig sein, also bitte das Wasserbad konstant heiß halten.
3. Tauchen Sie den Pinsel ins Wachs und sprenkeln es flott – das Wachs erkaltet blitzschnell – kreuz und quer über die gespannte Seide. Also nicht lange überlegen, sondern spontan gestalten! Sie können auf einen Punkt klecksen oder das Wachs mit einer peitschenhiebartigen Armbewegung auf die Seide schleudern: Das ergibt schwungvolle Linien. Nach jedem Spritzer neues Wachs nehmen: Trifft es auf die Seide, muß es noch durchsichtig sein, bevor es im nächsten Moment erstarrt. Sieht es bereits im Moment des Auftragens weiß aus, ist es zu kalt zum Reservieren, also zügig klecksen. Alle Flächen unter diesem Wachs bleiben weiß, da Sie die Seide hier versiegelt haben.
4. Jetzt können Sie sofort weitermachen: Grundieren Sie die Seide in einer oder mehreren hellen Farben: Das rote Modell wurde mit Gelb und Pink bemalt, wobei die Übergänge mit dem Pinsel verwischt wurden, dabei entstand Orange. Für die blaue Version nehmen Sie Gelb und Cyanblau/Türkis, die sich teilweise zu Grün vermischen. Die Farbperlen auf dem Wachs können Sie vorerst ignorieren oder schon mit einem Papiertaschentuch abtupfen. Nun machen Sie eine kleine Pause, denn die Farbe muß vor dem nächsten Wachsauftrag trocknen (Abb. 1 auf Seite 45).
5. Genau wie in Schritt 3 Wachs aufspritzen, lieber zuviel als zuwenig. Denn die Bereiche unter der zweiten Wachsschicht sind später je nach ihrem Untergrund gelb, pink oder orange bzw. gelb, türkisblau und grün.
6. Wieder übermalen Sie die ganze Fläche mit Farbe, je nach Modell mit Kobaltblau oder Tomatenrot (Abb. 2).
7. Vielleicht gefällt Ihnen Ihr Design schon jetzt. Halten Sie eine Lampe unter den Malrahmen, dann erkennen Sie, wie Ihre Malerei aussehen wird. Sie können noch weitere Schichten Wachs und Farbe auftragen. Das blaue Modell hat einen dritten Wachsauftrag und eine ganzflächige Übermalung mit Marineblau bekommen. Sehr kontrastreich wird diese Malerei, wenn Sie – wie beim roten Modell – als letzte Farbe Schwarz nehmen (Abb. 3).
8. Heizplatte bzw. Wachswärmer abschalten (das restliche Wachs kann fürs nächste Mal darin bleiben). Nach dem Trocknen der letzten Farbschicht tupfen Sie die feuchten Farbperlen vom Wachs. Halten Sie die Seide über einen Abfalleimer und krümeln einen Großteil des Wachses hinein.

Wenn Sie Bügelfarben genommen haben, bügeln Sie die Wachsreste gleich beim Fixieren in saugfähiges Papier (Makulatur-/Fixierpapier, zwei Monate alte Zeitungen).

Bei Dampffixierfarben können Sie das Wachs ebenfalls größtenteils ausbügeln, dies muß aber nicht gründlich sein. Das meiste davon landet beim Fixieren im Papier, daher müssen im Dampffixiergerät auch mehrere Lagen davon um die Seide gewickelt werden. Das restliche Wachs bügeln Sie aus oder geben die fixierte Seide in die chemische Reinigung (Kleiderbad).

Auch diese Japanerin wurde in Schichttechnik gemalt. Anleitung ab Seite 48.

Geisha mit Fächer

Vorlage auf Seite 49.
Auch feine Malereien lassen sich mit der Schichttechnik verwirklichen. Hier wurden zusätzlich Guttakonturen und Auswascheffekte eingesetzt. Die hübsche Japanerin ziert ein Bild oder Kissen. Genauso können Sie die Blumenmuster des Kimonos vergrößern und für ein elegantes Tuch nehmen.

Material und Zubehör

Glatte Seide, hier: Crêpe Satin, 42 x 45 cm
Dampffixierfarben: Goldgelb, Ocker, Ziegelrot, Karminrot, Hellblau, Grasgrün, Violett, Braun, Schwarz
Schwarze benzinlösliche Gutta
Farblose benzinlösliche Gutta
2 Linerfläschchen, jeweils mit Federaufsatz 0,5 mm
Je ein mittlerer und ein dicker Pinsel

1. Vorlage mit dem Fotokopierer vergrößern und auf die Seide übertragen.
2. Alle äußeren Umrisse mit schwarzer Gutta nachziehen.
3. Blütenumrisse, einzelne Staubgefäße (blaue Blüten), Blätter (rote Blüten) und Haarsträhnen mit farbloser Gutta zeichnen. Diese Linien erscheinen später als einzige weiß.
4. Kimono mit stark verdünntem Ziegelrot bzw. Grasgrün grundieren, dabei die Blüten aussparen. Den Schalkragen bemalen Sie mit verdünntem Sonnengelb, den Fächer ockerfarben.
5. Füllen Sie die Blüten mit Hellblau. Stark verdünntes Karminrot nehmen Sie für die großen Blüten und die Lippen der Geisha.
6. Während die Farben trocknen, malen Sie die Haare tiefschwarz. Die Innenseiten der Ärmel werden lila.
7. Nun überarbeiten Sie die grundierten Flächen mit farbloser Gutta, wie es auf dem Foto gezeigt ist: Die großen karminrosa Blüten bekommen Staubgefäße, der Schalkragen Zickzacklinien und der Fächer ein Flechtmuster. Den hellrot grundierten Kimono mustern Sie mit vielen kleinen Guttaschwüngen, die in wolken- oder blattähnliche Formen eingebettet werden. Eventuell zeichnen Sie auch in die lila Schatten des Ärmels. Da die Gutta sehr schnell trocknet, können Sie wahrscheinlich gleich weitermachen.
8. Nun kommen dunklere, unverdünnte Farbtöne an die Reihe. Übermalen Sie die Partien wie folgt:
Zickzack-Kragen: Gelb, Grasgrün
Grünes Rückenteil: pures Karminrot (Blüten), Dunkelgrün (Grasgrün + Schwarz, Blätter), Violett (Stiele)
Fächer: Braun
Kimono: Ziegelrot, Gelb (Blütenmitten).
Die Guttalinien erscheinen nun pastellfarbig und heben sich schön von der dunkleren Übermalung ab.
9. Zum Schuß nehmen Sie einen dicken Pinsel und grundieren den Hintergrund naß-in-naß mit verdünntem Gelb und Ocker.
10. Damit die Fläche lebendiger wird, tupfen Sie nach dem Trocknen mit dem Pinsel Wasserpunkte auf.

Rechts sehen Sie die Schichten nochmals Schritt für Schritt:
1. Fond im Feld links oben zartgelb grundieren. Großes Feld: farblose Kontur der Blüte zeichnen, mit Hellblau ausmalen. Fond mit verdünntem Rot kolorieren
2. Erneuter Guttaauftrag
3. Zweite Übermalung mit Grasgrün, Cyanblau bzw. Rot

Auswaschtechnik

Bereits getrocknete, aber noch unfixierte Dampffixierfarben reagieren beim kleinsten Wasserklecks: Das haben Sie vielleicht schon unfreiwillig erfahren. Diese Tatsache machen wir uns zunutze: Wasser, Verdünner oder Alkohol werden bewußt eingesetzt, um faszinierende Muster auszuwaschen.
Man nennt diese Technik auch Farbverschiebung: Die auf trockene Farbe aufgetragene Flüssigkeit löst Farbpigmente an, breitet sich aus und vertreibt oder verschiebt dabei die Farbe. Verdunstet die Flüssigkeit, bildet sich an ihren Rändern eine dunkle Kante aus der dort gesammelten Farbe. Die Mitte erscheint dagegen stark aufgehellt.
Mit dem schnelltrocknenden 70prozentigem Alkohol (Isopropanol), den Sie in der Apotheke bekommen, zaubern Sie glatte, feine Ränder. Wasser bildet unregelmäßige, gezackte Linien, da es wesentlich langsamer trocknet. Verdünner (Diluant) enthält sowohl Wasser als auch Alkohol und führt wiederum zu anderen Effekten. Ein gelungenes Stadium läßt sich jederzeit durch Trockenfönen festhalten. Ob Streifen, Kringel, Tupfen oder kleine Muster: Die schönsten Effekte gelingen mit dünnem Pinsel auf kräftigen dunklen Mischtönen.

Achtung:

Bügelfarben lassen sich nach dem Trocken nicht mehr anlösen. Die hier gezeigte Technik auf trockener Farbe funktioniert damit leider nicht. Doch auch mit Bügelfarben können Sie ähnliche Effekte mit weichen Rändern erzielen, wenn Sie die Flüssigkeit auf die noch feuchte Farbe auftragen (siehe auch Aquarelltechnik, Seite 53).

Das Gittermuster dieses eleganten Tuches ist ganz einfach zu malen, Anleitung ab Seite 52.

Geheimnisvolles Gittermuster

Auf dem schillernden Crêpe Satin sehen Sie die Tiefenwirkung der Auswaschtechnik besonders gut. Sie können auch jede andere Seide nehmen. Da scharfkantige, fast wie mit dem Lineal gezogene Ränder erwünscht sind, nehmen wir Alkohol. Das Muster eignet sich nicht nur für große Objekte – auf kleiner Fläche und mit dünnem Pinsel gelingt das Gittermuster genauso.

Material und Zubehör

Seide beliebiger Größe und Qualität
Dampffixierfarben: Fuchsia-Pink, Königsblau, Smaragdgrün
Alkohol, 70 %
Evtl. Haarfön
Dicker Flach- oder Rundpinsel

1. Grundieren Sie die Seide naß-in-naß mit den drei Farben. Lassen Sie die Töne ineinanderlaufen.
2. Trocknen lassen.
3. Nehmen Sie reinen Alkohol auf den Pinsel, so daß dieser gut gefüllt, aber nicht tropfnaß ist. Überziehen Sie nun die gesamte Fläche mit senkrechten Streifen, die von Rand zu Rand reichen und parallel verlaufen. Sofort können Sie beobachten, wie die Farbe aufgeschwemmt wird. Lassen Sie das Ganze völlig durchtrocknen, dies geht sowieso schnell. Nehmen Sie eventuell den Fön dazu.

4. Nun malen Sie – wieder mit Alkohol – ein Diagonalmuster auf die Seide. Bei Tüchern können Sie sich an zwei gegenüberliegenden Ecken orientieren und diese mit einer langen Geraden verbinden, von dort aus arbeiten Sie sich mit parallelen Linien zu beiden Seiten vor, bis die gesamte Seide bedeckt ist.
5. Nach dem Trocknen tragen Sie die gegenläufige Diagonale mit Alkohol auf.

Der sommerliche Chiffonschal zeigt eine Variante der Auswaschtechnik: Die Seide wurde in Königsblau und Pink (Dampffixierfarben!) grundiert. Das Muster entsteht diesmal durch Verdünner, den man mit einem dicken Pinsel reichlich auf die trockene Bemalung tropft.

Aquarelltechnik

Läßt man die Farben auf der Seide naß-in-naß ineinander laufen, spricht man von freiem, aquarellierendem Farbauftrag. Dabei entstehen weiche Übergänge, Schattierungen und Mischtöne. Auch Lasuren und Trockenränder können gezielt eingesetzt werden, genau wie beim Aquarellieren auf Papier. Die Technik wird gern mit Konturenmitteln kombiniert, damit die Malerei lebendiger wirkt.

Schal mit Farbverläufen

Diese Technik ist kinderleicht: Spannen Sie eine schöne Seide auf, streichen mit dickem Pinsel ein paar Farben naß-in-naß darauf und verreiben eventuell die Übergänge mit dem Pinsel: Schon haben Sie ein apartes Accessoire. Hier habe ich einen Jacquardschal mit Paisleymuster doppelt genommen, zweilagig aufgespannt und mit Königsblau, Smaragdgrün, Grasgrün und einem Hauch Gelb grundiert. Die Farbe durchdringt beide Stoffschichten. Das sieht schon sehr hübsch aus, aber als Tüpfelchen auf dem i wurden nach dem Trocknen einzelne Webmuster an beiden Enden des Schals (bitte dafür die Enden einzeln aufspannen) mit farbloser Gutta nachgemalt. Die kleinen Felder, die dabei entstehen, sind mit Ultramarin ausgemalt.

Aquarellieren auf der Glasplatte

In den beiden folgenden Anleitungen lernen Sie das Malen auf der Glasplatte kennen. Ich zeige Ihnen nur die wichtigsten Grundlagen. Weiterführende Informationen finden Sie in den Büchern von Ute Patel-Missfeldt, der Erfinderin dieser herrlichen Maltechnik.

■ Achtung:

Sie können die Seide genausogut wie gewohnt auf den Rahmen spannen und mit frischen Farben aus dem Glas malen!

◆ Hinweise zum Material

Was auf den ersten Blick ungewöhnlich scheint, entpuppt sich schnell als Vorteil: Die gespannte Seide liegt auf der Unterlage auf. Da Sie sitzend malen und den Arm wie beim Schreiben bequem und unverkrampft auflegen, sind detailreiche Motive ein Vergnügen.
Die Glasscheibe entnehmen Sie einfach einem Bilderrahmen und putzen sie gut.
Die meisten Aquarell-Haarpinsel sind für diese Technik zu weich und empfindlich, am besten sind Jaxhairpinsel.
Die Teller brauchen Sie als Paletten, sie sollten weiß sein, damit Sie die Farben gut erkennen. Auch unter die Glasplatte legen Sie ein weißes Stück Papier.
Die Vorzüge dieser Malmethode kommen nur bei Dampffixierfarben zum Tragen, denn diese können eingetrocknet und wieder mit Alkohol angelöst werden. Dadurch läuft die

Farbe weniger auf der Seide und trocknet im Nu, feinste Details sind möglich. Das Ganze funktioniert nicht mit allen Fabrikaten: Am besten eignen sich nach meiner Erfahrung die Marken Avantgarde, Dupont und Awiseta.

Bügelfarbe eignet sich nur bedingt, und zwar wenn sie ausschließlich frisch aus dem Glas vermalt wird. Bitte nicht eintrocknen – die Bügelfarbe läßt sich nicht wieder anlösen. Doch nun zum Malen:

Material und Zubehör

Pongéseide Nr. 08, etwa 25 x 30 cm
Glasscheibe, etwa 20 x 30 cm
Weißes Papier, Pappe o. ä. zum Unterlegen
Starkes Kreppklebeband, etwa 3 cm breit (am besten: Tesakrepp 4304)
Weiße Untertassen
Dampffixierfarben
Je ein Synthetikpinsel, etwa Nr. 2, 10 und 16 (ideal: Jaxhair/Vangerow)
Isopropyl-Alkohol, 50–70 % (aus der Apotheke)
Kleines Gefäß für den Alkohol (Teelicht-Hülse, Schnapsglas ...)
Papiertaschentücher

Farben eintrocknen

1. Gießen Sie von jeder Farbe einen dicken Klecks auf je eine Untertasse – jede Farbe bekommt ihren eigenen Teller, einer bleibt als Mischpalette frei.
2. Je nach Raumtemperatur ist die Farbe in wenigen Stunden oder binnen eines Tages gelartig oder völlig eingetrocknet – damit ist sie einsatzbereit. Sie können auch mit frischer, flüssiger Farbe malen, aber diese läuft stärker.

Seide aufspannen

3. Damit die Glasscheibe nicht verrutscht, fixieren Sie sie mit etwas Klebeband auf dem Tisch. Legen Sie nun die Seide glatt darauf. Zuerst spannen Sie die Oberseite: Kleben Sie ein Stückchen Klebeband an der linken oberen Ecke fest, und zwar halb auf der Seide, halb aufs Glas. Gut andrücken.

4. Mit der linken Hand die Seide nach rechts glattziehen. Mit der linken setzen Sie den Klebestreifen auf und kleben die Seide faltenfrei bis zur rechten Ecke fest. Gut andrücken.

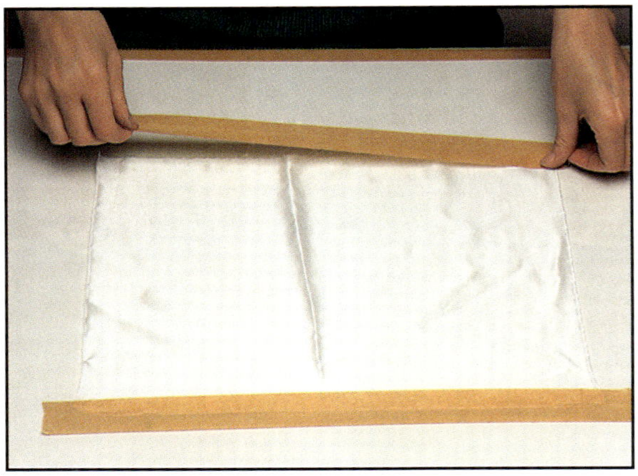

5. Das Gleiche wiederholen Sie an der Unterkante – aber diesmal drücken Sie nur das Stück Klebeband fest, das auf der Seide sitzt, aber nicht die Partie auf dem Glas:

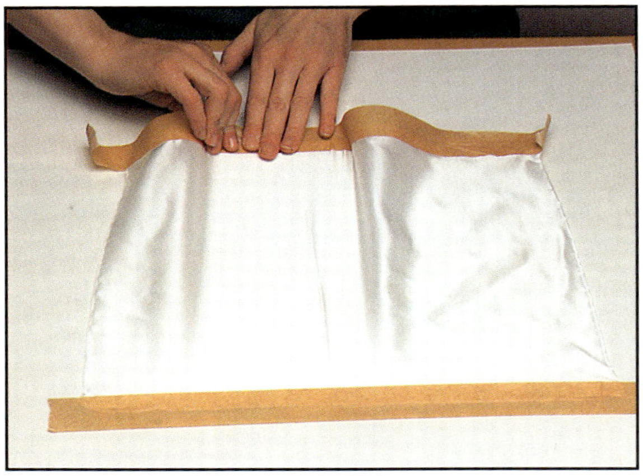

6. Denn nun nehmen Sie das Ganze wieder hoch, damit Sie die Seide fest aufs Glas kleben können. Fangen Sie in der Mitte an und arbeiten sich Stück für Stück nach rechts und links zu den unteren Ecken.
7. Die linke Seite geht ganz schnell: einfach Klebestreifen halb auf die Seide, halb aufs Glas plazieren und andrücken.
8. Die vierte Seite spannen und kleben Sie wie die zweite (Schritte 5 und 6). Die Seide sollte ganz glatt und stramm auf der Unterlage liegen; wenn nicht, einfach etwas nachspannen.

Blumen aquarellieren

Wenn Sie beispielsweise eine Sonnenblume malen wollen, gehen Sie wie folgt vor:

1. Malen Sie als erstes die Blüten – zuerst die dunkle Mitte, dann rundherum die gelben Blätter (Abb. 1).
2. In die feuchte Farbe mit dunklem Rot, Braun oder Blau schattieren (Abb. 2).
3. Jetzt kommen die Blätter (Abb. 3) …
4. … und dann der Stiel an die Reihe (Abb. 4).
5. Da Sie von hell nach dunkel malen, setzen Sie nun Schatten in die bereits getrockneten Partien. Noch eine Knospe dazusetzen und Blattrippen mit Alkohol auswaschen (Abb. 5).

Abb. 1

Abb. 2

Abb. 3

Abb. 4

Abb. 5

Sonnenblumenstrauß

Ein üppiger Strauß stand Modell für dieses aufwendige Bild. Alle Bereiche habe ich mehrmals mit Farbe und Alkohol überarbeitet, bis mir das Ganze gefiel. Auch dieses Motiv läßt sich genauso auf dem Spannrahmen malen.

Material und Zubehör

Wie Seite 54.
Außerdem:
Bleistift
Pongé Nr. 08 oder Crêpe Satin, 40 x 50 cm
Dampffixierfarben: Sonnengelb, Rot, Grün, Blau, Schwarz

1. Bereiten Sie die Farben auf Tellern vor und spannen die Seide auf die Glasplatte, wie auf Seite 54 beschrieben. Zum Malen lösen Sie die Farben mit Alkohol oder Wasser an.
2. Skizzieren Sie das Motiv so zart wie möglich mit einem Bleistift.
3. Jede gefüllte Sonnenblume ist zunächst ein goldgelber, einigermaßen runder Fleck auf der Seide. Bei den einfachen Arten malen Sie zuerst die dunkle Mitte und dann strahlenförmig die Blütenblätter in jeweils einem einzigen Pinselstrich rundherum.
Nur wenige Blüten sollten frontal zu sehen sein – das Ganze wirkt natürlicher, wenn einige Sonnenblumen nach unten hängen, teilweise verdeckt werden oder zur Seite schauen. Ein paar Knospen beleben die Komposition.
4. In die feuchte Farbe können Sie eine dunklere Nuance setzen, beispielsweise Rotbraun, oder eine dunkle Mitte malen.
5. Während die Blüten trocknen, malen Sie großzügig Blätter dazu. Setzen Sie nur wenige „ordentliche" Blätter ein, deren Form man komplett erkennen kann, die übrigen sind teilweise verdeckt, perspektivisch verkürzt oder verwelkt. Beachten Sie die natürliche Wuchsrichtung! Diese Blätter können ruhig formlose grünliche Kleckse sein, das Auge interpretiert sie als Blatt. Entscheiden Sie nun, von wo das Licht kommen soll: Die Formen werden plastisch, wenn Sie einen Hauch dunkler Farbe in die noch feuchten Schattenbereiche setzen. Dabei empfehlen sich „Schmuddelfarben", die aus Farbresten gemischt werden: vom warmen Graugrün oder Khaki bis hin zum tiefen Dunkelblau.
6. Nach dem Trocknen überarbeiten Sie die groben Formen der Blüten. Ziehen Sie weitere Lasuren aus Gelb, Grün und Rotbrauntönen über die Grundierung und setzen Details ein (Blattrillen, Staubgefäße ...). Wenn Sie Alkohol auf die trockene Farbe setzen, erhalten Sie sehr schöne Auswascheffekte.
7. Genauso verfeinern Sie die Blätter mit Rillen, Lichtpunkten, tiefen Schatten und Alkoholstrukturen.
8. Verbinden Sie Blüten, Knospen und Blätter mit kräftigen Stielen. Hier brauchen Sie Fingerspitzengefühl: Der mitteldicke Pinsel sollte genügend Farbe enthalten, aber nicht tropfnaß sein. Halten Sie ihn senkrecht, so daß nur die Pinselspitze die Seide berührt. Nun ziehen Sie ihn zügig über den Untergrund. Je langsamer Sie den Pinsel bewegen, je mehr Sie aufdrükken und je mehr flüssige Farbe im Pinsel ist, desto dicker werden die Stiele.
9. Gestalten Sie auch die Stiele mit Licht und Schatten.
10. Zum Schluß deuten Sie mit ein paar Tupfern in verschiedenen Blau- und Grüntönen die Umgebung des Straußes an.

1995

Stimmungs-Landschaft

Diese Sommernacht am See ist, zumindest wenn Sie detailliert malen möchten, etwas für Fortgeschrittene. Wer sich's leichter machen will, nimmt ein größeres Format und legt die Landschaft großzügiger an. Ich habe das Motiv auf der Glasplatte aquarelliert, es ist aber auch auf dem Rahmen nachvollziehbar.
Während Sie die gesamte Landschaft schnell malen sollten, damit nichts antrocknet, können Sie sich bei den Details Zeit lassen. Lesen Sie am besten vor dem Malen die ganze Anleitung und bereiten schöne Farbmischungen für Himmel, Wasser, Bäume und Ufer vor.

Material und Zubehör

Siehe Seite 54.
Außerdem:
Dampffixierfarben: Gelb, Rot, Blau, Schwarz

1. Wenn Sie nicht auf dem Rahmen malen wollen, spannen Sie die Seide aufs Glas und bereiten die Farben vor, wie auf Seite ¿¿ beschrieben.
2. Beim Landschaftsaquarell beginnen Sie mit dem Himmel, der zügig naß-in-naß gemalt wird. Tauchen Sie den mitteldicken Pinsel in Alkohol und lösen etwas Blau und Schwarz (oder andere Farben) an. Mischen Sie die Töne auf einem sauberen Teller.
3. Nehmen Sie nun diese Mischung auf den dicken Pinsel und ziehen an der Oberkante einen dicken horizontalen Strich, dabei bitte ungefähr 2 cm Abstand zum Klebeband lassen (Abb. 1).
4. Schnell etwas Alkohol dazunehmen – Pinsel nicht ausspülen – und überlappend einen zweiten Strich unter den ersten setzen. Wenn Sie dies ein paarmal wiederholen, erhalten Sie ein naturgetreues Bild des Himmels, der zum Horizont, also nach unten hin heller wird. Sie können auch ein paar Wolken hineinmalen. Setzen Sie den Horizont nicht genau in die Bildmitte, sondern lieber etwas nach oben oder unten versetzt, das ist interessanter.

Abb. 1

Abb. 2

Abb. 4

Abb. 5

Abb. 7

Abb. 8

Abb. 3

Abb. 6

Abb. 9

5. Nun schnell ein paar graue, bläuliche bis grünliche Tupfen in den feuchten Himmelsbereich oberhalb des Horizonts setzen – dies gibt die Baumgruppen im Hintergrund. Nicht zu naß malen (Abb. 2).

6. Die Horizontlinie dunkelgrau malen, sie soll etwas verlaufen.

7. Sofort geht's mit dem Wasser weiter, das Sie mit ähnlichen Tönen wie den Himmel in gleicher Technik malen. Malen Sie jedoch von hell (am Horizont) nach dunkel (Vordergrund). Wenn Sie eine Insel oder Landzunge möchten, setzen Sie mittendrin einen breiten graugrünen Pinselstrich dazwischen, der mit dem Wasser verlaufen darf (Abb. 3).

8. Malen Sie die Spiegelungen der Bäume am Horizont in die noch feuchten Teichflächen (Abb. 4).

9. Setzen Sie nun die beiden Birkenkronen mit verschiedenen Grünmischungen in den noch feuchten Himmel. Stupfen Sie die Farbe mit dickem, gespreizten Pinsel auf (Abb. 5).

10. Eigentlich unlogisch, aber nun malen Sie vorab die Spiegelung des Baumstammes. Den richtigen Stamm malen wir nämlich erst zum Schluß, wenn der Untergrund völlig trocken ist. Die Wasserfläche ist jetzt noch feucht, so daß die Spiegelung schön verschwimmt. Ziehen Sie schnell einen senkrechten, etwas gekrümmten Strich mit feinem Pinsel und sauberem Alkohol oder bräunlicher Farbe in den Teichvordergrund. Eventuell ein Papiertaschentuch fest daraufdrücken, damit die Linie nicht zu breit wird (Abb. 6).

11. Der Mond kann aus der feuchten (gibt weiche Ränder) oder trockenen Farbe (harte Ränder) ausgewaschen werden. Nehmen Sie wieder Alkohol auf den dünnen Pinsel und setzen ihn senkrecht auf die Seide, so daß nur die Spitze sie berührt. Der Alkohol breitet sich kreisförmig aus. Sobald Ihr Mond knapp die richtige Größe erreicht hat, stoppen Sie den Verlauf mit einem Papiertaschentuch. Fest aufdrücken, diesen Schritt wiederholen (Abb. 7, 8).

12. Wenn das ganze Bild völlig trocken ist, malen Sie mit dünnem Pinsel und konzentrierten dunklen Farbtönen den Baumstamm und Details wie Gräser und Schilf (Abb. 9).

Malen auf imprägnierter Seide

Wollen Sie malen wie auf Papier? Kein Problem: Wenn man die Seide vorher imprägniert, laufen die Farben erheblich weniger bis gar nicht mehr. Dazu eignen sich vor allem folgende Möglichkeiten:

Aquarellgrund (Fließstop, Antifusant) aus der Produktreihe Ihrer Farben

Mischung aus 5 ml benzinlöslicher Gutta und 95 ml Benzin (nur für Dampffixierfaben)

Mischung aus 6 Teilen wasserlöslicher Gutta und 4 Teilen Wasser

Tapetenkleister (nach Herstellervorschrift angerührt)

Sprühstärke (läßt sich nicht ganz auswaschen, die Seide bleibt etwas steif)

Salzlösung (250 g Kochsalz in ½ l warmem Wasser unter ständigem Rühren auflösen. Eventuell nach etwa 2 Stunden abfiltern. Gibt körnige Farbwirkung und gezackte Ränder)

Stark verdünnte Seidenmalfarbe: Auf dieser Grundierung ist die Fließfähigkeit der Farbe stark vermindert. Da alle Farben den gleichen Unterton erhalten, wirkt die Bemalung sehr harmonisch.

Milch oder helles Bier: ungewöhnlich, aber einen Versuch wert.

Sie können die unbemalte Seide einstreichen oder den Stoff vorab in einer zarten Farbe grundieren. Achtung: Wäßrige Imprägnierungen können Dampffixierfarben-Grundierungen wieder anlösen. Zunächst erscheint die Seide steif wie ein Brett: Doch alle wasserlöslichen Grundierungen werden nach dem Fixieren restlos ausgespült, die benzinhaltigen in der Reinigung entfernt.

Wiesenstück mit Frühlingsblumen, Anleitung siehe nächste Seite.

Wiesenstück mit Frühlingsblumen

Vorlage siehe unten.
Dieses romantische Motiv erinnert an die Glanzbildchen aus Großmutters Poesiealbum. In einem alten Rahmen vom Flohmarkt sieht es ebenso bezaubernd aus wie in einem modernen farbigen Modell. Reizvoll ist die naturgetreue Darstellung mit vielen Farbnuancen und Licht-/Schattenführung – die meisten Töne sind gemischt.

Material und Zubehör

Crêpe Satin, etwa 30 x 35 cm
Wasserlöslicher Aquarellgrund
Seidenmalfarben: Gelb, Karminrot, Lila, Kobaltblau, Grün, Schwarz
Je ein Aquarellpinsel dünner und mittlerer Stärke
Mischpalette oder weißer Teller

1. Streichen Sie die Seide gleichmäßig mit Aquarellgrund ein. Gut trocknen lassen.
2. Übertragen Sie die Vorlage, bitte so zart wie möglich zeichnen.
3. Malen Sie als erstes die groben Formen der Blüten. Nehmen Sie wenig Farbe auf den mittleren Pinsel und malen beispielsweise das erste Veilchenblatt. Fürs das nächste tauchen Sie den Pinsel nicht nochmal in die blauviolette Farbe, sondern nehmen etwas Wasser dazu oder einen zweiten, etwas dunkleren Farbton (z. B. Violett mit etwas Rot oder Schwarz).
4. Genauso malen Sie die übrigen Blüten: Mischen Sie viele Nuancen und tragen Sie die Farbe teils pur, teils verdünnt auf. Nicht alle Blumen müssen naturgetreu gemalt werden, vor allem bei den kleinen Vergißmeinnicht deuten Sie mit ein paar blauen, etwas dunkleren Farbtupfern Blüten an, die teilweise verdeckt sind. Die Gänseblümchen malen Sie mit sehr stark verdünntem Karminrot und Hellblau, so daß sie weiß wirken, sich aber noch vom Untergrund abheben. Sie können auch zwei Farben naß-in-naß nebeneinander setzen, so daß sie ineinanderlaufen.
5. Nun setzen Sie verschiedene Blattformen dazu und verbinden die Blüten mit Stielen. Dabei sparen Sie rechts einen ellipsenförmigen Platz für den Marienkäfer aus.
6. Fügen Sie jetzt mit wenig intensiver Farbe und dünnem Pinsel Details wie Blattrillen, Stempel, Staubgefäße und Schatten ein.
7. Den Käfer malen Sie karminrot. Geben Sie sofort einen Tropfen Wasser auf das Rot und tupfen die Mitte mit einem Papiertaschentuch ab: So wirkt der Körper plastisch. Nach dem Trocknen bekommt er noch die typischen schwarzen Punkte.
8. Um das Arrangement aufzulockern, setzen Sie noch mit sehr zarter Farbe ein paar Tupfen und Gräser dazu.

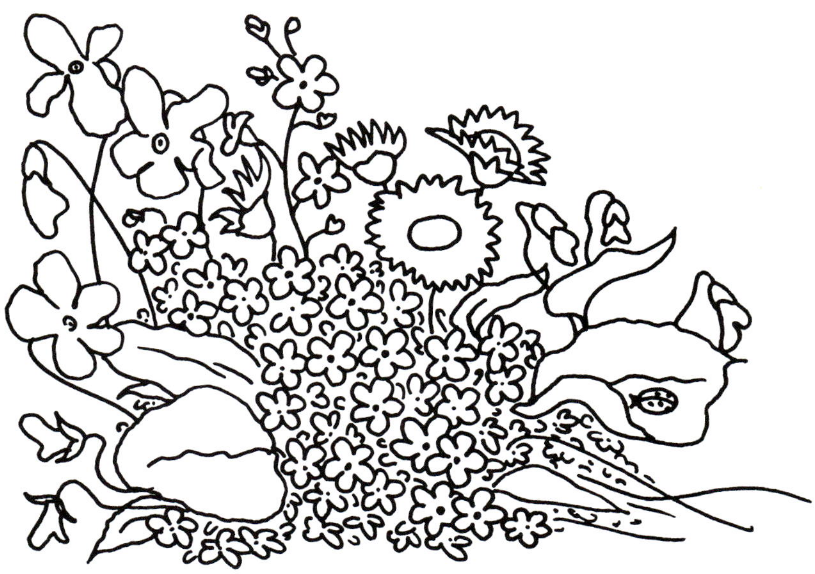

Schöne bedruckte Geschenke – lesen Sie auf Seite 66 weiter!

Drucken mit verdickter Farbe

Kennen Sie noch den Kartoffeldruck? Diese und viele weitere Drucktechniken sind auf Seide möglich. Auch Moosgummi, Radiergummi, Linoleum, Schaumstoff, Korken, Schwamm und vieles andere können als Stempel dienen. Reizvoll sind auch Abdrucke von Materialien mit strukturierter Oberfläche: beispielsweise rohes Holz, Zwiebelhälften, Kohl, Rauhfaser- und andere Strukturtapeten, Tortenspitzen aus Papier, Rupfen, Blätter, Gräser, Schaumstoffe, Schwämme und so weiter.
Eine Technik möchte ich Ihnen näher vorstellen: die Monotypie, auch Einmaldruck oder Abklatschtechnik genannt. Sie macht schon Kindern Spaß, denn hierbei entstehen im Handumdrehen eindrucksvolle Ergebnisse. Sie können abstrakte Muster oder einfache gegenständliche Motive drucken, eine oder mehrere Druckfarben einsetzen – jedes Stück wird ein Unikat!

Krawatten und Brillenetui in Monotypietechnik

Material und Zubehör

Krawattenrohling, Brillenetui
Glasscheibe, mindestens 30 x 40 cm
Farbverdicker und schwarze Bügel- oder Stoffmalfarbe
Borstenpinsel
Eventuell Spülbürste, Schwamm, Spachtel, Kamm, Wattestäbchen …
Küchenkrepp
Gummihandschuhe
Seidenmalfarben nach Belieben

Abb. 1 Druckfarbe auftragen

Abb. 4 Seide auflegen

Abb. 7 Seide abheben …

Abb. 2

Abb. 3 Eventuell noch bearbeiten

Abb. 5 Vorsichtig andrücken

Abb. 6 Das andere Ende auflegen

Abb. 8 … und bemalen

Abb. 9

Die Druckplatte
Ideal ist eine Glasscheibe, für eine Krawatte reicht ein Format von etwa 30 x 40 cm. Nach dem Drucken wischen Sie die restliche Farbe ab, und das Glas kann wieder in den Bilderrahmen! Ersatzweise spannen Sie eine stabile Kunststoffolie mit Klebestreifen glatt über die Tischplatte und tragen die Druckfarbe auf. Nach dem Druck putzen Sie die Folie zum Wiederverwenden ab oder knüllen sie, was leider viel Abfall verursacht, samt Farbresten zusammen.

1. Mit einem Borstenpinsel und der schwarzen Farbe tragen Sie kreuz und quer über die Glasplatte schwungvolle Striche und Kleckse auf. Nicht lange nachdenken, einfach drauflosmalen (Abb. 1, 2)!
2. Solange die Farbe noch feucht ist, können Sie Ihr Werk noch verändern. Verziehen Sie die Farbe mit den oben erwähnten Hilfsmitteln – bitte zügig arbeiten, denn zum Drucken muß die Farbe noch feucht sein (Abb. 3).
3. Im folgenden beschreibe ich den Krawattendruck, beim Etui geht's genauso. Wo haben sich interessante Bereiche gebildet? Nehmen Sie die Krawatte in die Hand und legen sie behutsam Stück für Stück auf die Farbe. Am besten diagonal plazieren, so paßt die Seide bis zur Höhe des Krawattenknotens darauf. Wenn Sie noch Platz haben, legen Sie gleichzeitig das andere Ende auf die Farbe. Vorsichtig mit der Hand auf die Seide drücken, aber nichts verrutschen (Abb. 4, 5, 6).
4. Wenn Sie die Krawatte vorsichtig wieder hochnehmen, haben Sie einen spiegelverkehrten Druck. Zufrieden? Wenn nicht, einfach die lückenhaften Abschnitte nochmals auf die Farbe drücken (Abb. 7).
5. Seide waagerecht liegend trocknen lassen, eventuell mit dem Haarfön nachhelfen. Falls Sie mit Dampffixierfarben weitermalen wollen, bitte den Abdruck zuvor bügelfixieren.
6. Richten Sie sich nun Ihre Malfarben her. Legen Sie die Krawatte glatt vor sich hin und kolorieren sie. Die Abdrucke wirken wie Guttakonturen, so daß Sie verschiedenfarbige Felder gegeneinander absetzen können. Rückseite ebenfalls einfärben (Abb. 8, 9).
7. Farbgutta kann, aber muß nicht sein: Mit ein bißchen Gold oder Silber bekommt das Muster Tiefe. Oder Sie malen ein paar Linienschwünge mit markantem Schwarz.
8. Seide wie gewohnt fixieren.

● Tips für Tücher, T-Shirts, Tops ...

Im Prinzip geht's genauso wie oben beschrieben. Da Stoffmalfarbe die Seide versteift, nehmen Sie bügelfixierbare Seidenmalfarben, die Sie mit dem dazugehörigen Verdicker etwa im Verhältnis 1 : 1 zu einer puddingartigen Masse verrühren oder kräftig durchschütteln. Wollen Sie den Druck mit Dampffixierfarben ausmalen, sollten Sie ihn vorher bügelfixieren.
Tücher und Kleidung mit offenen Nähten spannen Sie zum Drucken auf den Rahmen. Wichtig: Flache Dreizackstifte verwenden, damit Sie den Rahmen umdrehen und die Seide direkt aufs Glas setzen können. Eventuell Gummihandschuhe anziehen und die Seide mit Küchenkrepp andrücken, damit der Druck gleichmäßig wird.
Seidentops mit geschlossenen Seitennähen ziehen Sie zum Drucken und Bemalen über ein Stück Pappe. Der Karton nimmt den Farbüberschuß auf und trennt Vorder- und Rückseite. Nun können Sie beide Seiten bedrucken, ohne die Seide umspannen zu müssen. Zum Trocknen aufstellen.

Marmoriertechnik

Sicher kennen Sie die schönen marmorähnlichen Kammzugmuster von Geschenkpapieren. Auch für Seide ist diese jahrtausendealte Technik bestens geeignet. Im Fachhandel gibt es komplette Marmoriersets, so daß Sie gleich anfangen können. Übrigens: Auch Kinder lieben das Marmorieren!

Da die Produkte der verschiedenen Firmen unterschiedlich aufgebaut sind, richten Sie sich bitte nach der jeweiligen Herstelleranleitung. Bei unserem Modell habe ich DEKA Marble beschrieben. Diese Marke bietet wasserlösliche Farben, welche die Seide nicht versteifen. Sehr schön finde ich auch Donacolor, da man hier mit richtigen Seidenmalfarben in reicher Farbpalette marmoriert. Gute Erfahrungen habe ich auch mit Marmorierfarben von Kreul, Stewa Hobby und Hobbidee gemacht.

Zauberhafte Geschenk-Ideen

Material und Zubehör

Appreturfreie Seide, nicht zu dünne Qualität
Marmorierfarben (z. B. DEKA Marble)
Marmoriergrund (DEKA Marble Medium)
Schaschlikspieß, Holzstäbchen
Grobzinkiger Kamm oder Gabel
Schneebesen
Eimer
Zeitungspapier
Marmorierschale

Die Marmorierschale sollte flach und so groß sein, daß die Seide glatt hineinpaßt. Sie können vielerlei aus Ihrem Haushalt benutzen: tiefe Backbleche, Tiefkühlboxen, Bräter, Blumentopf-Untersetzer usw. Sehr gut eignen sich Entwicklerschalen aus dem Fotolabor. Für große Formate nehmen Sie Ihren Seidenmalrahmen, der mit Plastikfolie ausgelegt wird.

1. Setzen Sie nach Anweisung den Marmoriergrund an und lassen ihn eine halbe Stunde quellen, bis die Luftblasen verschwinden.
2. Die Masse 2 bis 3 cm hoch in die Marmorierwanne füllen. Luftblasen mit einer Nadel aufstechen.
3. Farben gut aufrühren. Mit Zahnstochern oder Pipetten auf den Marmoriergrund tropfen. Nehmen Sie mindestens 2 bis 3 verschiedene Töne, dann wird das Ergebnis schön farbintensiv. Warten Sie einen Moment, bis sich die Farben ausgebreitet haben (Abb. 1).
4. Verziehen Sie dann zuerst mit dem Schaschlikspieß die Farbe in Zickzacklinien von links nach rechts. Dabei den Zahnstocher senkrecht halten und zügig führen (Abb. 2).

Abb. 1

Abb. 2

Ein kleiner Ausschnitt aus der Vielzahl der Möglichkeiten: Passepartoutkarte (gibt's fertig im Fachhandel), Eierwärmer, Ringmappe (Rohling: van Eeuwen), Küchenhandschuh,

Einstecktuch, Krawatte, Vorhang ... Ihrer Phantasie sind keine Grenzen gesetzt.

Abb. 3

Abb.4

Abb. 5

Abb. 6

5. Nun wiederholen Sie Schritt 4, diesmal von oben nach unten. Je enger Sie die Linien setzen, desto feiner wird später das Muster (Abb. 3).

6. Den Kamm senkrecht halten und von oben nach unten langsam über die gesamte Fläche ziehen (Abb. 4).

7. Jetzt legen Sie die Seide faltenfrei und ohne Lufteinschlüsse auf den Marmoriergrund. Das Muster überträgt sich in Sekundenschnelle (Abb. 5).

8. Heben Sie die Seide wieder ab und spülen den Marmoriergrund unter fließendem Wasser behutsam aus. Das Muster bleibt unbeschädigt (Abb. 6).

9. Hängen Sie die Seide auf (sicherheitshalber Zeitung auf den Boden legen) oder legen sie zum Trocknen auf eine saugfähige Unterlage.

10. Danach bügeln Sie die Seide etwa 3 Minuten, um die Farbe waschecht zu machen.

11. Werkzeuge sofort nach Gebrauch mit kaltem Wasser reinigen. Den Marmoriergrund können Sie nochmals benutzen, wenn Sie die restliche Farbe mit Zeitungspapier abheben. Nur die Oberfläche muß sauber sein, abgesunkene Farbpartikel stören nicht.